So schreibt man Geschäftsbriefe!

humboldt
Ratgeber

Hat sich die Firma einmal zur rationellen Textverarbeitung – vor allem zum Phonodiktat, zur Textprogrammierung und Textautomation – entschlossen, können Phonotypistinnen und Sekretärinnen ohne mehr Anstrengung wesentlich mehr leisten. Unter günstigeren Arbeitsbedingungen. Bei besseren Verdienst- und Entwicklungsmöglichkeiten.

So schreibt man Geschäftsbriefe!

Von Wolfgang Manekeller

humboldt

humboldt-taschenbuch 229

Umschlaggestaltung: Christa Manner, München
Umschlagfoto: Eric Bach, Grünwald b. München

Druck: Presse-Druck Augsburg
Printed in Germany
ISBN 3-581-066229-9

INHALT

Diktieren und Schreiben: nach wie vor das große Büroproblem!

In den goldenen Jahren der Voll- und der Überbeschäftigung hat eine Umfrage bei fünfzig großen deutschen Unternehmen ergeben, daß trotz des allgemeinen Rufs nach mehr Chemikern, Physikern, Ingenieuren und Facharbeitern der Mangel an Maschinenschreiberinnen, Steno- und Phonotypistinnen, Stenokontoristinnen und Sekretärinnen noch weit ärger war. In einer Untersuchung der Frankfurter Allgemeinen Zeitung unter der Überschrift „Hauptsache mehr Akademiker?“ wurde einmal ein Großunternehmen des Handels zitiert, in dessen Stellungnahme es hieß: „Stenotypistinnen sind bei uns am meisten gefragt. Wie diesem Mangel abzuhelfen ist, ist nicht zu sagen. Manche Firmen versuchen es mit der verstärkten Einrichtung zentraler Schreibbüros.“ Ein Stahlwerk: „Wir beklagen einen ausgesprochenen Mangel an Sekretärinnen mit guter Allgemeinbildung, die in vielen Fällen eben doch nur durch das Abitur erreicht werden kann, obwohl solche Kräfte, entsprechend eingesetzt, sehr bald auf ein sehr gutes Gehalt kommen können.“ Ein anderes Stahlwerk: „Wir hoffen, daß sich zunehmend Volksschulabgängerinnen dem Beruf der Stenotypistin/Kontoristin zuwenden. Dabei ist allerdings eine Verbesserung des Bildungsniveaus der Volksschule sehr wünschenswert.“

Wie sieht das nun in wirtschaftlich schlechten Zeiten aus, wenn das Gespenst der Arbeitslosigkeit umgeht? Ist da nicht alles anders? Kann man da nicht so viele Schreibkräfte bekommen, wie man haben will, zu „Tiefstpreisen“? Irrtum. — Wer in diesem Glauben beim Arbeitsamt einer Großstadt anruft, um sich mal einige Phonotypistinnen zur Auswahl schicken zu lassen, erfährt oft: „Schreibkräfte, zumal gute, sind nach wie vor knapp.“ Und „Tiefstpreise“? Nicht dran zu denken! Trotz Arbeitslosigkeit in vielen Bereichen sind die Kosten für Schreibarbeit weiterhin kräftig gestiegen.

Wird die Situation wenigstens in Zukunft besser? Keine Spur! Wenn inzwischen auch die öffentliche Verwaltung „Rationalisierung der Büroarbeit (insbesondere der Schreibarbeit)“ in ihr Aufgabenheft geschrieben hat, so kommt das nicht von ungefähr.

„Alles in allem: Wir haben Grund, in mancher Beziehung schwarzzusehen — wenn wir nicht Mittel finden, unsere Kräfte rationeller einzusetzen." — So stand es in der ersten Auflage dieses Buches. Seitdem ist unser Thema mehr und mehr in den Vordergrund gerückt. Formulier- und Diktierseminare sind fast schon zur Selbstverständlichkeit geworden. In vielen Firmen und Behörden — vor allem dort, wo es Zentrale Schreibdienste gibt — hat man Schreibfibeln entwickelt, die das frühere Durcheinander der Schreibweisen beendet haben. Die Möglichkeiten der Textprogrammierung, des Adressendiktats, der automatischen Textbaustein-Verarbeitung, der Textautomation überhaupt, werden zunehmend genutzt. Dennoch, das alles ist erst ein hoffnungsvoller Beginn. An der Gesamtzahl der Arbeitsplätze im Büro gemessen, sind die Plätze, an denen in vollem Umfang zweckmäßig gearbeitet wird, noch erheblich in der Minderheit. — Dieses Buch soll zeigen,

- daß unsere Schreibkräfte, ohne sich mehr anzustrengen, mehr Briefe schreiben können,
- daß gleichzeitig die Korrespondenten und alle, die Geschäftsbriefe, Berichte und ähnliches zu diktieren und zu lesen haben, Zeit sparen können,
- daß schließlich, auf demselben Weg, das gesamte Schriftgut, vor allem die Korrespondenz, wesentlich wirkungsvoller werden kann.

Der Schlüssel zu dieser geradezu wunderbar erscheinenden dreifachen Rationalisierungstür liegt in der Form, im Inhalt und in der Art der Herstellung unserer Korrespondenz versteckt.

Ist es wirklich nötig, die Schriftgutproduktion zu rationalisieren?

Wer einmal in einer Verkaufsabteilung eines großen Unternehmens gearbeitet hat, weiß, daß schon vor 20 Jahren nicht jeder Korrespondent „seine" Stenotypistin hatte, sondern daß er darauf angewiesen war, sich mit einem „Stück Stenotypistin“ zufriedenzugeben. Diese Aufteilung der Arbeitskraft einer Stenotypistin verlief, wo einsichtige Menschen zusammenwirkten, reibungslos; oft aber, wo weniger verträgliche Kollegen miteinander auszukommen hatten, gab es auch ein heftiges Tauziehen. Der Betriebsälteste, der an Jahren Älteste, der Günstling des Chefs, der mit den wichtigsten Aufgaben Betraute, jeder, der etwas für sich ins Feld zu führen wußte, erwartete von den anderen, daß sie ihm den Vortritt ließen. Es waren Tricks an der Tagesordnung, Wortgefechte, Streit, und auch die Sympathie oder Antipathie der umworbenen Stenotypistin spielte gelegentlich ihre mitentscheidende Rolle.

Und heute — sieht es nicht besser aus. Wer hat schon eine Schreiberin, die ausschließlich für ihn arbeitet?! Diese enge, einseitige Zuordnung ist aber gerade notwendig, wenn man mit alten Methoden und geringem Organisationsgrad noch einigermaßen zurechtkommen will. Nur so sind die Schwächen „Uneinheitlichkeit der Diktierweisen“ und „Uneinheitlichkeit der Schreibweisen“ noch erträglich.

Wir wissen, daß die Situation im Büro anders aussieht. Und daher führt kein Weg an der Erkenntnis vorbei: Veraltete, uneinheitliche Arbeitsweisen können wir uns in unserer „Textverarbeitung“ nicht mehr leisten. Textverarbeitung ist die geistige und technische Produktion und Verwertung von Texten (Konzipieren, Formulieren, Diktieren, Schreiben, Kontrollieren, Korrigieren, Redigieren, Kopieren, Vordrucken, Transportieren, Archivieren . . .).

Noch eine Zahl mag zu denken geben: Eine Textzeile kostet bei uns im Durchschnitt zwischen 1,00 DM und 1,50 DM. Wer das bedenkt, kann zum Beispiel nicht mehr verantworten, daß schwierige Briefe, Referatsausarbeitungen, lange Berichte wegen einiger Korrekturen von Verstößen gegen die Normen oder wegen einiger stilistischer oder inhaltlicher Änderungen zwei-, drei- oder viermal geschrieben werden.

Was bedeutet die moderne Textverarbeitung für die Mitarbeiterinnen und Mitarbeiter im Büro?

Die neuen Methoden der Schriftgutherstellung sind nicht nur unter dem Aspekt der Zweckmäßigkeit, sondern auch unter dem der Humanität in die Diskussion geraten. Man fragt sich und muß sich fragen: Werden hier Rationalisierungsvorteile mit Nachteilen für die Mitarbeiter erkauft?

Darauf eine klare Antwort zu geben, das fällt mir nicht schwer: Ja — wo man „Rationalisieren" mehr oder weniger mit „Streichen" gleichsetzt, wo man ohne gründliche Vorbereitung auszukommen glaubt, wo man inkonsequent und schludrig arbeitet. Nein — wo man mit angemessenem Aufwand für Organisation, Ausstattung und Schulung vorgeht, wo man die Interessen der Mitarbeiter an einer „nicht gesundheitsgefährdenden" und „nicht zu eintönigen" Arbeit berücksichtigt, wo man die Mitarbeiter an dem Rationalisierungsgewinn beteiligt.

Was sich auch bei sinnvollem Einsatz neuer Organisationsformen und -techniken nicht vermeiden läßt, sind Umstellungsanforderungen an die Mitarbeiter. Aber ist das denn negativ zu bewerten? Bestimmt nicht. Die Weiterentwicklung individueller Arbeitsweisen fördert die geistige Beweglichkeit, stärkt das Selbstbewußtsein durch Erfolgserlebnisse und wirkt der Eintönigkeit im Berufsleben, dem gefürchteten Ersticken in Routine, entgegen.

Worum geht es bei diesen Umstellungen vor allem?

Einheitliche Schreibweise setzt selbstverständlich das Lernen dieser Schreibweise voraus. Doch das ist kein Problem. Nur einige wenige Regeln sind zu beachten.

Eine einheitliche Diktierweise verlangt schon etwas mehr, ein wenig mehr von den Schreiberinnen, deutlich mehr von den Diktierenden. Sie ist für jede Diktatform zweckmäßig, für das Phonodiktat ist sie unerläßlich. Da der Kontakt zwischen Diktierenden und Schreibenden während des Diktierens fehlt, müssen unklare und unvollständige Ansagen und dadurch notwendig werdende Orientierungsfragen der Schreibenden vermieden werden.

Diese Forderung ist noch schärfer zu stellen, wenn die Einführung des Phonodiktats mit der Einrichtung eines Zentralen Schreibdienstes gekoppelt wird.

Eine weitere Umstellung – in diesem Fall nur für Diktierende – bringt ein „neuer Briefstil“ mit sich. Briefstilregeln, wie sie in diesem Buch, in dem neuen Buch „Regeln der Geschäftskorrespondenz“ (W. Manekeller, Hans Holzmann Verlag), in der Fachzeitschrift „texten + schreiben“ und in dem Haufe-Loseblattwerk „Der Textberater“ vertreten werden, setzen sich in der Praxis mehr und mehr durch.

Dabei ist zu bedenken: Neue Schreib- und Diktierregeln lassen sich in kurzer Zeit lernen; ein Jahre und Jahrzehnte bevorzugter Briefstil läßt sich nur allmählich verändern. Alte Gewohnheiten müssen verlernt, neue gelernt werden. Dazu ist einiges an Schulungsarbeit notwendig.

Und schließlich: Auch das Programmieren von Texten und das Arbeiten mit Textprogrammen erfordern Einarbeitung und Umgewöhnung; sie verlangen keine „Wunder“, aber verständige Mitwirkung und guten Willen.

Und was steht den neuen Anforderungen an Vorteilen gegenüber? Vor allem wesentlich mehr Unabhängigkeit beim Diktieren und Schreiben, mehr Spielraum für individuelle Pausengestaltung, Erleichterung der Gleitzeit; größere Leistung ohne größere Anstrengung (zum Beispiel durch automatische Textbearbeitung), höhere Qualität der Arbeitsergebnisse, bessere Qualifikation jedes einzelnen.

Wie sehen Geschäftsbriefe heute oft noch aus?

Auf den folgenden Seiten finden Sie einige Geschäftsbriefe verschiedener Art; sie haben unterschiedlichen Inhalt und variieren in der Form. Die Briefe stammen aus der Praxis. Lediglich die Anschriften, Unterschriften, Produktnamen und ähnliches habe ich verändert: weil alles das für uns belanglos ist und weil ich nicht beabsichtige, der einen oder der anderen Firma über ihre Korrespondenz ein ungünstiges Zeugnis auszustellen, diesem oder jenem Korrespondenten vorzuwerfen, er diktiere schlechte Briefe.

Wenn man in Zukunft etwas besser machen will, als man es in der Vergangenheit gemacht hat, so kommt man nicht umhin, zunächst genau festzustellen, was war und ist. Neue Wege entdecken wir nur, wenn wir auf den alten nicht immer bloß gehen — und gelegentlich trotten —, sondern sie auch einmal vorurteilslos auf ihre Beschaffenheit prüfen. Das fällt vielen von uns schwer, wie wohl aus der häufig zu hörenden Antwort auf einen Verbesserungsvorschlag zu folgern ist, die lautet: „Das haben wir immer so gemacht."

Unsere Gewohnheiten, die zum Teil irgendwann ihren guten Sinn gehabt haben mögen, fesseln uns und verhindern dadurch, daß wir vorankommen, daß es uns gelingt, unsere Aufgaben besser zu lösen, als es uns in der Vergangenheit möglich gewesen ist. Was empfinden wir denn als den hervorstechenden Wesenszug des Erfinders, des hellen Kopfes, wie wir ihn zu nennen pflegen? Er nimmt die Dinge, Methoden, Verfahren nicht als selbstverständlich und somit auch nicht als unabänderlich hin. Gesunde Neugier und gesunder Zweifel — das sind Antriebskräfte, die es uns wagen lassen, eingefahrene Gleise auch dann zu verlassen, wenn die Umgebung dagegen ist.

Fragen wir uns also: Müssen Briefe weiter so aussehen wie die folgenden?

Sie erkennen, die Briefe stammen aus dem Jahre 1977. Es bestand bei der 89er Neuauflage dieses Taschenbuches kein Grund, sie auszutauschen, weil auch heute noch in vielen Firmen, Verbänden usw. so oder so ähnlich geschrieben wird. Lediglich der Grußblock ist bei den meisten doch schon von rechts nach links gerutscht.

An das
Verkaufsbüro Göttingen
zu Händen Herrn
Karl F r e s e
Lehmannstraße 5

34oo Göttingen

(Vorgedruckte Bezugszeichen)
Tk./Ms. 16. Juli 1977 Ge./K. 26. Aug. 1977

Vernetzer für Impexon - Veränderungsanzeige

Auf Ihre freundliche Anfrage vom 16. Juli ds. J. zurückkommend, bringen wir Ihnen nachfolgend einige Änderungen bezüglich Vernetzer für Impexon zur Kenntnis:

Das bisherige Vernetzer-Versuchsprodukt SAV 484 wird unter der Bezeichnung

Vernetzer VD

in unser Verkaufsprogramm aufgenommen.

Wir möchten hierzu bemerken, daß bei der Herstellung von Impexon-Teilen nach dem Gießverfahren der Zusatz von Vernetzer RD oft sehr lange Entformungszeiten in Anspruch genommen hat. Dagegen erlaubt es der Vernetzer VD nun, dieselben in wesentlichem Ausmaß herabzusetzen.

Unser Ziel besteht darin, daß wir versuchen wollen, im Lauf der Zeit den Vernetzer RD durch den Vernetzer VD zu ersetzen. Die bisher vorgenommene Notierung von

DM 17,80 per kg

bleibt unverändert bestehen.

Ein entsprechendes Merkblatt befindet sich in Vorbereitung. Wir werden Ihnen dieses nach Erhalt schnellstmöglichst zugehen lassen.

Wir empfehlen uns Ihnen

hochachtungsvoll

Rheinische AZ-Werke AG
Verkaufsbüro Chemikalien
Düsseldorf

Anlagen:
vorläufiges Merkblatt

An Herrn
Friedrich W e i l e r
Hansaring 468

5ooo Köln am Rhein

(Vorgedruckte Bezugszeichen)
Tkd./Ma. 13. Feb. 1977 Kl.-Fa. 18. Feb. 1977

Betr.: Gestaltung der Anzeigenserie "Wir sind dabei"

Sehr geehrter Herr Weiler!

Bezugnehmend auf Ihre freundliche Rückfrage vom 13. ds. Mts. erlauben wir uns, Sie hiermit daran zu erinnern, daß wir von Anfang an den 27. Februar als letzten Termin für die Abgabe der Reinzeichnungen für die obengenannte Anzeigenserie fest vereinbart hatten. Wir geben zwar gerne zu, daß Sie infolge gewisser Umdisponierungen gezwungen waren, in Ihrer Arbeit nach Vorlage der ersten Rohentwürfe praktisch noch einmal von vorn anzufangen, doch fiel diese Entscheidung schon bereits so frühzeitig, daß es Ihnen gewiß möglich gewesen sein dürfte, sich auf den noch verbleibenden Zeitraum einzustellen und die Anzeigen in der gewünschten Weise zur Ausführung zu bringen. Wir gehen also davon aus, daß Sie Ihre Arbeiten bis zu dem vereinbarten Termin zum Abschluß bringen werden.

Was nun Ihre zweite Frage anbetrifft, ob die Symbole - das Firmen- und das Produktzeichen - unbedingt beide in allen Anzeigen zur Anwendung gelangen sollen, müssen wir Ihnen nach Rücksprache mit unserem Patentanwalt mitteilen, daß in dieser Hinsicht keinerlei Einschränkungen vorgenommen werden dürfen. Da wir Ihre typographischen Gesichtspunkte jedoch recht gut verstehen, haben wir die Zustimmung zu einer Verkleinerung der beiden Zeichen um je 3 mm erreicht; unserer Ansicht nach besitzen Sie damit im Rahmen des verhältnismäßig großen Formats genügend Spielraum, die beiden Zeichen derart unterzubringen, daß dadurch dennoch keine Beeinträchtigung des Gesamtbildes erfolgt und die Kontinuität der Entwicklung gewährt bleibt.

Schließlich möchten wir Sie vorsorglich noch einmal darauf hinweisen, daß in Ihrer Farbgebung bei dem Blauton das Ihnen bekannte Firmenblau unseres Unternehmens genaue Berücksichtigung finden muß. In den anderen Farben ist Ihnen ja bekanntlich absolut freie Hand gelassen, nur daß die anderen Farbtöne in der Nuancierung eben auf das Firmenblau abgestimmt sein müssen.

Wir hoffen, daß mit unseren vorstehenden Ausführungen Ihre Fragen hinreichend beantwortet sind und wir dementsprechend zu dem vereinbarten Zeitpunkt mit einem erfolgreichen Abschluß Ihrer Arbeit rechnen dürfen. Im voraus für Ihre Bemühungen bestens dankend, empfehlen wir uns Ihnen

mit freundlichen Grüßen

Fred Nebe KG
Verkauf
Im Schacht 314

66oo Saarbrücken

(Vorgedruckte Bezugszeichen)
Lm./Rt 8.4.77 we.ts 10.4.77

Zahlungsaufschub

Sehr geehrte Herren!

Wie ich Ihrem Schreiben vom 8. ds. Mts. entnehme, ist am 15.4.1977 der Betrag Ihrer Rechnung in Höhe von

DM 75o,--

fällig. Leider ist es mir nicht möglich, den gesamten Betrag in einer Summe zu zahlen, weil ich durch ungewöhnlich langsam eingehende Außenstände in vorübergehende Zahlungsschwierigkeiten geraten bin.

Ich bitte Sie daher, mit folgenden Ratenzahlungen einverstanden zu sein:

1. Rate am 15.4.1977 DM 3oo,--
2. Rate am 15.5." DM 25o,--
3. Rate am 15.6." DM 2oo,--

Bitte, geben Sie mir Nachricht, ob Sie meinem Wunsche entsprechen können.

Ihnen für Ihr Entgegenkommen schon jetzt bestens dankend, begrüße ich Sie

mit vorzüglicher Hochachtung
Weber & Söhne

An das
Verkaufsbüro Kassel
Friedrichstraße 14

35oo Kassel

(Vorgedruckte Bezugszeichen)
Tz/Fd. 31.3.1977 Kx/Bl. 4. Sept. 1977

Backpulverfabrik Heimann KG
Bericht vom 31.3.1977

Durch obigen Bericht haben wir zur Kenntnis genommen, daß der Kunde für ein DP 3 entsprechendes Produkt, das durch die Firma Lederthal & Co. geliefert wird, den gleichen Preis wie für unsere Lieferungen bezahlt. Zusätzlich erhält er jedoch durch diese Wettbewerbsfirma einen 2%igen Rabatt.

Um dem Kunden Gelegenheit zu geben, unser Produkt vermehrt einzusetzen, sind wir bereit, ihm einen entsprechenden Netto-Preis an Hand zu geben. Dieser stellt sich dann auf DM 826,-- per 1oo kg
Wir hoffen, daß Sie mit dieser Notierung zum Ziel kommen werden und verbleiben

mit freundlichem Gruß
Verkaufsleitstelle München

I. Briefbild

Einheitliche, rationelle Schreibweisen

1963 schlug ein Angestellter in einem großen Unternehmen vor, das Briefbild zu verändern und einheitlich zu gestalten. Er hatte errechnet, daß man damit 200 bis 300 Anschläge je Brief einsparen könnte. Es gab einiges Hin und Her. Ergebnis: Alles blieb beim alten, bei der Uneinheitlichkeit und Aufwendigkeit. Aber der reformfreudige Mitarbeiter resignierte nicht. 1968 konnte er seine Vorstellungen, mit Hilfe einer couragierten Schreibdienstleiterin, verwirklichen.

Die neuen Schreibweisen, wie sie dann auch 1970 in der ersten Auflage dieses Buches veröffentlicht wurden, hatten nur einen Nachteil: sie stimmten stellenweise nicht mit den DIN-Vorschriften fürs Maschinenschreiben überein. Es spricht für zunehmendes Kostendenken der Verantwortlichen, daß sie sich trotzdem allmählich durchsetzten und schließlich, 1975, in die Neufassung der „Regeln für Maschinenschreiben" (DIN 5008) eingingen.

Der Begriff „sich durchsetzen" und selbst die Verankerung in DIN 5008 bedeutet allerdings noch nicht, daß diese zweckmäßigen Regeln überall befolgt werden. In sehr vielen Firmen und Behörden, großen und kleinen, und sogar in Verbänden, die für Rationalisierung eintreten, und in Unternehmen, die Geräte für die moderne Textverarbeitung herstellen, scheinen die Regeln noch nicht bekannt zu sein.

Deshalb gehe ich hier auf einige dieser Regeln ausführlich ein. Außerdem empfehle ich, für jedes Büro die „Regeln für Maschinenschreiben" zu beschaffen (Herausgeber: DIN Deutsches Institut für Normung e. V.; Beuth Verlag GmbH, Berlin–Köln). Schließlich erhalten Sie in diesem Buchteil Hinweise auf rationelle Schreibweisen, für welche die DIN-Regeln mehrere Möglichkeiten offenlassen oder die dort überhaupt nicht behandelt werden.

Oft wird mir die Frage gestellt, ob durch eine solche Vereinheitlichung der Schreibweisen nicht alles Individuelle verlorengehe. Es sei doch viel schöner, je nach Textlänge, mal einzeilig, mal eineinhalbzeilig, mal 60 und mal 40 Anschläge breit zu schreiben. Wenn man dann auch noch die Abstände zwischen Bezugszeichenzeile, Betreffzeile, Anrede, Text und Gruß unterschiedlich gestalte, könne man eine viel harmonischere Füllung des Briefblattes erreichen. Einiges spricht dagegen, so zu verfahren.

Die eine Schreiberin hat einen guten Blick für die typografische Gestaltung einer Seite, die andere nicht. Bei weitgehender Regellosigkeit in diesen Dingen überlassen wir es dem Zufall, wie unsere Briefe aussehen.

Ferner: Über Geschmack läßt sich bekanntlich streiten. Die Erfahrung zeigt, daß auch in diesem Bereich vieles Gewohnheit ist, wie in der Mode, wie bei Möbel- und Autoformen; was heute als scheußlich empfunden wird, kann morgen bevorzugt sein. Unsere Sehgewohnheiten ändern sich und damit unsere Beurteilungen.

Nicht zuletzt wollen wir über den Meinungsverschiedenheiten in Geschmacksfragen im Auge behalten, daß es hier auch um Geld geht, um Einsparung oder Verschwendung.

Und wer noch ein bißchen weiterdenkt, nämlich an die Ausbildung, wird es begrüßen, daß alle dieselben Regeln lernen und daß sie diese Regeln überall anwenden können, statt bei jedem Stellenwechsel oder sogar jedem Bürowechsel umlernen zu müssen.

Aber noch einmal die Frage nach der Individualität! Meine Antwort: Wer seine Leser individuell behandeln will, hat im Bereich der inhaltlichen und stilistischen Gestaltung seiner Informationen ausreichend Spielraum. Individualität drückt sich nicht darin aus, daß man alles anders macht als alle anderen, sondern darin, daß man Wichtiges anders als andere macht.

Und selbst für Äußerlichkeiten haben wir Variationsmöglichkeiten. Einladungen, Glückwunsch- und Beileidsbriefe, Zeugnisse und Jubiläumsbriefe darf man zwar, aber muß man nicht in allen Teilen genauso DIN-gerecht gestalten wie Schriftstücke rein geschäftlichen Inhalts. Für diese Zwecke sind andere Briefblätter, andere Schriftarten, andere Schreibweisen vertretbar.

Ganz besonders gilt dies auch für den Werbebrief. Seine Grundaufgabe ist: „Aufmerksam machen!“ Und zu den Mitteln, mit denen sich das erreichen läßt, gehören natürlich außergewöhnliche Gestaltungsweisen. Allerdings sollte man den Wert solcher Abweichungen vom Üblichen nicht überschätzen. Man kann hier leicht des Guten zuviel tun; wenig ist oft mehr als viel. Die außergewöhnliche Gestaltung darf nicht gewollt, nicht übertrieben, nicht extravagant wirken.

Man muß sich fragen: Wen will ich ansprechen? Inhaber von Modegeschäften werden mehr Sinn für Besonderheiten, auch für Gestaltungsgags, haben als Walzwerkkonstrukteure, die dahinter leicht „Reklame“ wittern.

Zusammengefaßt: Klare Schreibvorschriften, die mit den „Regeln für Maschinenschreiben“ (Neufassung 1986) übereinstimmen, sollten die Regel sein. Wer diesen Weg für richtig hält, muß ihn für seinen Verantwortungsbereich schriftlich festlegen und für verbindlich erklären. Sonst werden Abweichungen an der Tagesordnung bleiben.

Die Anschrift

In Übereinstimmung mit den neuen „Regeln für Maschinenschreiben“, DIN 5008, hat das Bundesministerium für das Post- und Fernmeldewesen in Bonn in einer Schrift „Die Post informiert“, 1976, bekanntgegeben:

„Die Deutsche Bundespost hat in Angleichung an die im Bereich der Europäischen Gemeinschaft und vieler anderer Länder üblichen Reihenfolge der Postanschrift die Gliederung der Aufschrift und der Absenderangabe auf Postsendungen geändert. Sie schafft damit gleichzeitig die Voraussetzung für eine weitere Automatisierung der Briefverteilung.“

Beispiele für die neue Schreibweise finden Sie auf den folgenden Seiten.

Einige zusätzliche Hinweise:

Nach DIN 5008 umfaßt das Feld für die Anschrift auf dem Briefblatt 9 Zeilen. Die erste Zeile ist für Sendungsart, Versendungsform oder Vorausverfügung vorgesehen. Bei längeren Vermerken dieser Art muß die zweite Zeile hinzugezogen werden. Dann folgt eine Leerzeile und darauf die Empfängerbezeichnung, das Postfach und/oder Straße und Hausnummer.

Nach einer weiteren Leerzeile stehen: Postleitzahl und Bestimmungsort (wenn notwendig, Nummer des Zustell- oder Ausgabepostamtes).

Und nach einer weiteren Leerzeile folgt das Bestimmungsland, falls das Land keine Postleitzahlen mit vorgesetzter Kfz-Bezeichnung eingeführt hat.

Beispiele (Leerzeilen sind durch Punkte gekennzeichnet):

Eilzustellung	Einschreiben
.	.
Richard Weiß & Co. KG	Herrn Wolfgang Winterfeld
Hauptstraße 4	Postfach 13 83
.	.
2861 Wallhöfen	5000 Köln
.	.
.	.
.	.

.
.
Richard Weiß & Co. KG
Postfach 13 83 — Hauptstr. 4
.
2861 Wallhöfen
.
.
.

.
.
Richard Weiß & Co. KG
An der Wallburg 52
Postfach 13 83
.
2861 Wallhöfen
.
.

Wenn neben dem Postfach die Straße mit der Hausnummer geschrieben werden soll, „dann hinter die Postfachnummer setzen, bei Platzmangel unmittelbar über die Abholangabe".

Drucksache
Wenn unzustellbar, zurück
.
Richard Weiß & Co. KG
Postfach 13 83
.
8821 Oberschwaningen
Post Unterschwaningen
.

Drucksache zu ermäßigter Gebühr
.
Herrn Studienrat
Eberhard Sütterlin
Münsterplatz 8
.
CH-3000 Bern
.
.

Was tut man, wenn man mit den 9 zur Verfügung stehenden Zeilen nicht auskommt? In solchen Fällen darf die Leerzeile vor der Empfängerbezeichnung weggelassen werden; in diesem Fall muß allerdings die Sendungsart, Versendungsform oder Vorausverfügung unterstrichen werden. Also:

Eilzustellung
Herrn Professor
Dr. Karl Hebermann
Lack- und Farbwerke
Dr. Hans Sendler & Co.
Abteilung Forschung
Postfach 24 38 95
.
6230 Frankfurt 80

Nicht nachsenden
Einschreiben — Rückschein
Frau Studienrätin
Erika Schneider
bei Konrad Müller
Hauptstraße 4
.
8821 Oberschwaningen
Post Unterschwaningen

Entschieden ist nun auch die Frage, ob der Bestimmungsort gesperrt geschrieben oder unterstrichen werden sollte, vor allem, wenn er kurz ist. In der 1. Auflage dieses Buches wurde empfohlen: Nicht sperren! Nicht unterstreichen! In den neuen „Regeln für Maschinenschreiben“ heißt es jetzt: „Ortsnamen sind nicht gesperrt zu schreiben und nicht zu untersteichen.“ Und die Post sagt: „Den Bestimmungsort nicht gesperrt schreiben und nicht unterstreichen.“ Fügen wir hinzu: Auch andere Bestandteile der Anschrift, zum Beispiel Namen, nicht gesperrt schreiben! Unnötiger Aufwand!

Und noch ein paar Tips:
Lassen Sie Hinweise wie „zu Händen“, „z. H.“, „in Firma“ oder „i. Fa.“ weg! Das Wort „Firma“ sollte auch im Zusammenhang mit der Firmenbezeichnung fehlen, wenn aus Zusätzen wie „AG“, „GmbH“ usw. ohnehin der Firmencharakter des Empfängers hervorgeht. Ersparen Sie sich bei Firmenbezeichnungen auch Zusätze wie „Papierfabrik“, wenn diese Zusätze nicht zum Namen gehören. Verzichten Sie ferner auf Orts-Zusatzbezeichnungen wie „am Rhein“; die Post verlangt sie nicht; warum also der Aufwand? Schließlich: Weshalb eigentlich „Frau“ oder „Herrn“ und den Namen nicht in dieselbe Zeile schreiben? Zwei Zeilen sollte man nur verwenden, wenn zu „Frau“ oder „Herrn“ noch ein längerer Zusatz wie „Studienrätin“ oder „Professor“ notwendig wird.

Und was kommt bei alldem heraus? Vergleichen wir!

.	.
.	.
An die Firma	Feldmann & Meiningen AG
Maschinenfabrik	Herrn Fritz Metzer
Feldmann & Meiningen AG	Hans-Sachs-Straße 125
zu Händen Herrn Fritz Metzer	.
Hans-Sachs-Straße 125	8035 Gauting 1
	.
8035 Gauting 1	.

In diesem Fall haben wir bei der links stehenden Anschrift 49 Anschläge und 2 Zeilenschaltungen mehr gebraucht als bei der rechts stehenden Anschrift.

Die Bezugszeichenzeile

Bei vorgedruckten Briefblättern folgt unter der Anschrift eine Bezugszeichenzeile, in der Gestaltung meistens DIN-widrig. Vorgedruckt ist in der Regel:

Ihre Zeichen	**Ihre Nachricht**	**Unser Zeichen**	**(Absenderort)**

Unter „Ihre Zeichen" kommen die Diktatzeichen des Korrespondenzpartners, die sich meistens aus dem Zeichen des Korrespondenten und dem der Schreibkraft zusammensetzen. Unter „Ihre Nachricht" steht das Datum des Briefes, auf den sich der Schreiber bezieht. Unter „Unsere Zeichen" läßt er sein eigenes Diktatzeichen und das seiner Schreibkraft setzen, unter den Absenderort das Datum seines Briefes. Selbst dabei kann man aufwendig verfahren oder aber sparen. Vergleichen Sie bitte die Formen 1 und 2 mit den Formen 3 und 4!

1.

Ihre Zeichen	Ihre Nachricht	Unser Zeichen	Düsseldorf
Wig/Ls.	12. Aug. 19..	Ma./Ke.	24. Aug. 19..

2.

Ihre Zeichen	Ihre Nachricht	Unser Zeichen	Düsseldorf
–	–	Ma./Ke.	24. 08. 19..

3.

Ihre Zeichen	Ihre Nachricht	Unser Zeichen	Düsseldorf
wi-ls	12.08...	ma-ke	24.08...

4.

Ihre Zeichen	Ihre Nachricht	Unser Zeichen	Düsseldorf
		ma-ke	24.08...

Zu 1: Überflüssig sind die Schaltungen für die großen Buchstaben und die Schrägstriche, die Anschläge für die Punkte hinter dem Diktatzeichen, die Anschläge für die halb ausgeschriebenen Monatsnamen und die Anschläge für „19" in der Jahreszahl.

Zu 2: Überflüssig sind auch hier die Punkte hinter dem Diktatzeichen und die Ziffern „1" und „9" in der Jahreszahl, ferner aber auch die beiden waagerechten Striche, die darauf hinweisen sollen, daß sich der Schreiber auf keinen vorausgegangenen Brief des Empfängers bezieht. Schließlich sollen die Leerräume zwischen Tages-, Monats- und Jahresangabe fehlen.

In den Fassungen 3 und 4 sind für die Diktatzeichen kleine Buchstaben verwendet, statt der Schrägstriche Bindestriche. In beiden Zeilen ist keine Umschaltung nötig. Die Striche unter „Ihre Zeichen" und „Ihre Nachricht" fehlen, weil Leerräume dasselbe ausdrücken. Die Monatsangabe steht unmittelbar hinter dem Punkt der Tagesangabe und die Jahresangabe ohne Zwischenraum hinter dem Punkt der Monatsangabe.

Was haben wir eingespart? Beispiel 1 erfordert 48 Anschläge, Beispiel 3 nur 26, Beispiel 2 verlangt 23 Anschläge, Beispiel 4 nur 13. Bei diesem Vergleich sind die Arbeiten für das richtige Einstellen in der Senkrechten nicht berücksichtigt, denn das — ist ein Kapitel für sich.

Noch einmal: die Bezugszeichenzeile

Ein Ärger für alle Schreibkräfte ist das Einstellen der Angaben in der Bezugszeichenzeile auf den jeweils ersten Buchstaben der vorgedruckten Stichworte.
Man kann diese Stellen auf verschiedene Weise erreichen. Das aufwendigste Verfahren ist das Betätigen der Leertaste. Bedient man sich der Dauerfunktion „Leertaste", muß man immer scharf aufpassen, damit man nicht über die anzusteuernde Stelle hinwegfährt, so daß anschließend Rückschritte erforderlich sind. Bei Typenhebelmaschinen läßt sich der Wagen im Handbetrieb an die gewünschten Stellen dirigieren; aber auch das ist lästig, umständlich, aufwendig.
„Das kann man ja auch viel einfacher haben", werden Sie sagen. „Benutzen Sie doch den Tabulator!"
Richtig. Das ist am günstigsten. Und warum wird das in der Praxis so selten gemacht?
Ich nehme die ersten drei Briefe, die ich bei mir in der Ablage finde, und stelle fest, wohin die Bezugszeichen geschrieben werden sollen. In zwei Fällen gibt es 4, in einem Fall 5 Stellen:

	Grad	Grad	Grad	Grad	
Brief 1:	17	24	41,5	59	
Brief 2:	11	25	39	63	
Brief 3:	10	23	41	56,5	70

Dazu kommt: In den meisten Vordrucken sind wieder ganz andere Stellen anzusteuern, uneinheitlich von Vordruck zu Vordruck. Und die Stellen fürs Einrücken, für auszuwerfende Zahlen in zwei Kolonnen — wieder anders? Der Tabulator wird erst dann zu einem großen Vorteil, wenn ein Arbeitsbereich einheitliche Tabstellen für alle Briefblätter und sonstigen Vordrucke festgelegt hat. Für Briefblätter gilt bei Pica-Schriften:

Grad 10 = Ihre Zeichen, Ihre Nachricht vom; Grad 30 = Unsere Zeichen, unsere Nachricht vom; Grad 50 = Telefon; Grad 60 = Datum.

Damit sind wir am Ende unseres Lateins. Oder nicht? Wenn man nun die ganze vorgedruckte Bezugszeichenzeile wegfallen ließe? Die Bezugszeichen selbst sind getrennt an anderen Stellen unterzubringen.

Das Briefdatum und die eigenen Diktatzeichen können auf der rechten Blattseite in Höhe der links geschriebenen Anschrift stehen — ohne vorgedrucktes „Unsere Zeichen“ und „Datum“.

Wenn oben rechts irgendwo, je nach der Briefkopfgestaltung, „24.08. . . ma-ke“ zu finden ist, weiß jeder ohne besonderen Hinweis, daß es die Absenderangaben sind.

Was fehlt, sind die Empfängerangaben; für sie ist Platz im Betreff.

Behörden schreiben vielfach so:

Betr.: Referat über Textprogrammierung
Bezug: Ihr Brief vom 24.08...

Man braucht nur „Betr.:“ und „Bezug:“ wegzulassen (s. nächstes Kapitel) und hat eine kurze, gute Form. Zu überlegen ist, ob der Betreff vor dem Bezug genannt werden soll, wie es das Beispiel zeigt, oder umgekehrt. Die Reihenfolge in unserem Beispiel ist durchaus sinnvoll, aber die Umkehrung hat auch einiges für sich, vor allem, daß sie im Geschäftsleben üblicher ist.

Gegenüber der alten Form muß die Typistin hierbei zwar „Ihr Brief vom" mit der Maschine schreiben, dafür fallen jedoch die Tabulatorsprünge oder entsprechende Handeinstellungen weg. Außerdem kann man genauer auf die Art der Partnernachricht eingehen: Ihr Brief vom — Ihr FS vom — Ihr Anruf vom... Schließlich hilft uns diese Schreibweise, ein Problem elegant zu lösen, das sich stellt, wenn man mit Textsystemen mehrseitige Briefe ohne Eingriff einer Bedienungskraft herstellen will. Dazu Hinweise unter „Die zweite Seite" (S. 31 f).

Der „Betreff"

Wenn über der Anrede oder über dem anredungslosen Text eines Geschäftsbriefes „Ihre Versicherung Nr. . . ." oder „Neue Preise für unsere Papierqualitäten" steht: wird dem Leser dann unklar sein, was damit gemeint ist? Wohl kaum! Er wird, ohne scharfsinnig sein zu müssen, verstehen, daß sich der Brieftext mit dem in dieser ersten, für sich allein stehenden Zeile genannten Thema befaßt.

Aus alter Gewohnheit und weil sie offenbar noch nie wirklich bedacht worden ist, schicken viele Korrespondenten dieser Ankündigung noch eine Ankündigung voraus, in einer der folgenden Formen:

Betreff:, Betr.:, Betr:, Betrifft:

Das sind 10, 8, 7 oder 11 Anschläge . . . überflüssige Anschläge mehr.

Die ganze Stichwortzeile sieht dann zum Beispiel so aus:

Betreff: Neudruck des vierfarbigen Sonderprospektes

Oder so:

Betreff: Wohnungsbauvorhaben 19.. in München
Eigentumswohnungen für ausscheidende Werksangehörige
mit Pensionsberechtigung

Oder so:

Betreff: Wohnungsbauvorhaben 19.. in München
Eigentumswohnungen für ausscheidende Werksangehörige
mit Pensionsberechtigung

Die stichwortartige Inhaltsangabe wird also nicht nur durch das Wort „Betreff:“ angekündigt, sondern auch noch unterstrichen. Warum schreiben wir eigentlich nicht vor die Anrede die Ankündigung „Anrede:“ oder vor die Grußformel die Ankündigung „Grußformel:“? Ob es nicht doch auch ohne „Betreff:“ ginge? Und ob wir nicht darüber hinaus auch ohne den bekräftigenden Strich auskämen? Gewiß! Der „Betreff:“ weist sich schon durch seine Stellung im Brief als Betreff aus, und der Leerraum zwischen ihm und der Anrede oder dem Brieftext hebt ihn auch genügend hervor. Außerdem: Das wiederholte Anschlagen derselben Taste dauert bei gewandten Maschinenschreiberinnen länger als jede andere Griffolge.
Wer auf das Wort „Betreff:“ und die Unterstreichung (DIN-gerecht!) verzichtet, spart in unseren Musterfällen 63, 54 und 132, also durchschnittlich 80 Anschläge ein.

Hervorhebungen im Brieftext

Eigentlich keine Hervorhebung, sondern mehr eine Besonderheit ist das Einrücken der ersten Zeile eines jeden Absatzes, wie es früher viele Kaufleute und Rechtsanwälte geübt haben und es manche von ihnen auch heute noch tun. Es soll höflich wirken: Wie man nicht mit der Tür ins Haus falle, so auch nicht mit dem ersten Wort in den Zeilenanfang. Man beginnt also nicht:

Sehr geehrter Herr Müller!

Über Ihre Zusage habe ich mich gefreut, um so mehr, als ich die Hoffnung, Sie zu überzeugen, fast schon aufgegeben hatte.

Wir werden uns also, nach meinem Vorschlag, am 4. August in meinem Büro treffen und dann gemeinsam zu dem bewußten Grundstück hinausfahren.

Vielmehr macht man nach der Anrede und nach jedem Absatzschluß noch eine typografische Verbeugung, indem man schreibt:

Sehr geehrter Herr Müller!

Über Ihre Zusage habe ich mich gefreut, um so mehr, als ich die Hoffnung, Sie zu überzeugen, fast schon aufgegeben hatte.

Wir werden uns also, nach meinem Vorschlag, am 4. August in meinem Büro treffen und dann gemeinsam zu dem bewußten Grundstück hinausfahren.

Die Verfechter dieser Verbeugungstheorie unterscheiden sich untereinander noch durch die Tiefe der Verbeugung, das heißt durch die Anzahl der Anschläge, um die eingerückt werden soll. Die einen bevorzugen 3, die anderen 5 und wieder andere sogar 10 Anschläge. Wenn wir nur die Mittelwegler als Rechnungsmaßstab nehmen, so erhalten wir bei einem Brief mit 10 Absätzen allein 50 Leertastenanschläge. Da die Einrückform dann genaugenommen auch in Anschrift und Schlußformel gewählt werden müßte, kämen mindestens weitere 20 Leerschritte hinzu. Man kann natürlich, wo vorhanden, den Tabulator entsprechend einstellen, aber auch das bedeutet Mehrarbeit. – Unter der Überschrift „Rationalisierung“ in jedem Fall ein trauriges Kapitel!

Mit wirklichen Hervorhebungen haben wir es zu tun, wenn einzelne Textstellen gesperrt, unterstrichen oder eingerückt geschrieben werden. Des öfteren trifft man auch zwei dieser Betonungen oder sogar alle drei auf einmal an.

Fragen wir uns zunächst, ob es überhaupt einen Sinn haben kann, durch typografische Abweichungen vom normalen Schriftbild etwas aus dem Textganzen hervorzuheben, eine Stelle des Textkörpers „anzuleuchten“!

Es mag zum Beispiel sinnvoll sein, wenn der Gegenstand des Angebots in einem Werbebrief oder die Schlagzeile eines Werbebriefes den Blick sofort anziehen soll. Allerdings ist einschränkend daran zu erinnern, daß solche Angebote oder Schlagzeilen in der Regel am Anfang des Briefes, also an der Stelle des im Geschäftsbrief vorhandenen „Betreffs“, stehen werden.

Weiterhin kann es zweckmäßig sein, Termine oder Beträge „freizustellen". Der Leser, der den Brief zu wiederholten Malen zur Hand nimmt, weiß, worum es insgesamt geht, er will sich nur noch einmal hinsichtlich einer Zeit oder einer Summe vergewissern, und das gelingt ihm schnell, wenn er nicht den ganzen Brief erneut zu überfliegen braucht, um die gesuchte Angabe zu finden. Dies gilt allerdings nicht für ganz kurze Briefe. Ich halte es für überflüssig, bei folgendem Text einzurücken:

Diskontierung

Hiermit sende ich Ihnen einen Wechsel über

840,75 DM, fällig am 31.08.19..,

mit der Bitte, ihn zu diskontieren.

In diesem Fall liest man genausoschnell die einfache Fassung.

Diskontierung

Hiermit sende ich Ihnen einen Wechsel über 840,75 DM, fällig am 31.08.19.., mit der Bitte, ihn zu diskontieren.

Also: Mit Einrückungen sparsam sein! Nur einrücken, wenn damit ein Nutzen erzielt wird!

Und nun die Frage: Wie rückt man ein? Nach den alten DIN-Regeln durfte man mit dem einzurückenden Text auf Grad 15 oder 30 beginnen oder den Text „auf Mitte setzen". Die Sachbearbeiter wußten meistens nicht, was sie verlangen sollten, die Schreibkräfte verfuhren überwiegend nach Belieben. Damit ist nun zum Glück Schluß. Nach der neuen DIN 5008 gibt es nur noch eine Einrückungsform: Beginn auf Grad 20 bei Pica-, auf Grad 24 bei Elite-Schriftgrößen. Wir schreiben also nicht:

Sehr geehrter Herr Meinigen!

Ich habe Sie schon wiederholt gebeten, den von Ihrem Jungen an der Straßenseite meines Gartens beschädigten Zaun in Ordnung bringen zu lassen. Sie haben darauf stets bejahende Gesten gemacht oder etwas wie „Wird schon erledigt!" gesagt, aber leider ist nun schon sechs Wochen lang nichts geschehen. Ich muß Sie deshalb bitten, die Reparatur

bis zum 15. Mai 19..

ausführen zu lassen. Sollte bis dahin nichts geschehen sein, werde ich selbst einen Auftrag erteilen und Ihnen die Rechnung schicken. Ich hoffe, das wird nicht nötig sein.

Statt dessen schreiben wir:

Sehr geehrter Herr Meiningen!

Ich habe Sie schon wiederholt gebeten, den von Ihrem Jungen an der Straßenseite meines Gartens beschädigten Zaun in Ordnung bringen zu lassen. Sie haben darauf stets bejahende Gesten gemacht oder etwas wie „Wird schon erledigt!" gesagt, aber leider ist nun schon sechs Wochen lang nichts geschehen. Ich muß Sie deshalb bitten, die Reparatur

bis zum 15. Mai 19..

ausführen zu lassen. Sollte bis dahin nichts geschehen sein, werde ich selbst einen Auftrag erteilen und Ihnen die Rechnung schicken. Ich hoffe, das wird nicht nötig sein.

Zu bedenken ist bei der Wahl zwischen der unterstrichenen und der nicht unterstrichenen Hervorhebung, daß die Zeile „bis zum 15. Mai 19.." für sich allein gar nichts aussagt. Sinn gewinnt sie ja erst durch ihre Umgebung.

Zum nächsten Punkt. Er heißt: E i n e Hervorhebung genügt. Stellt man das Hervorzuhebende in eine Zeile für sich, braucht man es nicht mehr zu unterstreichen, auch nicht zu sperren. Unterstreichung und Sperrung wirken einander außerdem entgegen; die Unterstreichung zieht den Text zusammen, die Sperrung auseinander.

Wie steht es aber mit Sperrungen oder Unterstreichungen im Text? Welchen Vorteil soll es bringen, beispielsweise zu schreiben: „Wir haben für Ihre Handlungsweise keinerlei Verständnis und müssen Ihren Vorschlag e i n d e u t i g ablehnen. Bitte kommen Sie also unserer Zahlungsaufforderung unverzüglich nach."? Sieht man auf den Brief, so sticht zwar das Wort „e i n d e u t i g" hervor, aber ohne die Textnachbarschaft bedeutet es einem nichts. Liest man jedoch den ganzen Text, Satz für Satz, so wirkt „eindeutig" genauso wie ,,e i n d e u t i g''. Und im übrigen: Wer „eindeutig" für das, was er sagen will, zu schwach findet, hat die Möglichkeit, sich noch weitaus härter, sich sogar drastisch auszudrücken. Das gesperrt geschriebene ,,e i n d e u t i g'' erzielt das gewünschte Mehr an Wirkung nicht, es verursacht nur ein Mehr an Diktatsilben und Anschlägen. Für ein unterstrichenes <u>„eindeutig"</u> gilt dasselbe.

Auch der Typograf — das sei am Rande bemerkt — hat gegen Sperrungen und Unterstreichungen, vor allem, wenn sie gehäuft auftreten, etwas einzuwenden: sie machen das Schriftbild unruhig, sie beeinträchtigen es. Da die Sperrung milder wirkt als die Unterstreichung, ist sie, wenn schon eins von beiden sein muß oder soll, vorzuziehen. Gibt es den Fall überhaupt? Ja, Sie finden ihn zum Beispiel in dem Satz: Eine Hervorhebung genügt. Hier ist die Sperrung sinnvoll, weil „eine" in der Regel als unbestimmter Artikel dient und nur durch die Betonung zum Zahlwort wird.

Zusammengefaßt: Gehen Sie mit Hervorhebungen sparsam um!

Die zweite Seite

Auf die zweite Seite weisen viele durch „— 2 —" oder „Seite 2" am Fuß der ersten Seite hin, auf Mitte oder nach rechts gesetzt. Auf der zweiten Seite oben wiederholen sie diese Angabe, oft noch mit Zusätzen, zum Beispiel mit der Wiederholung des Empfängernamens und dem Briefdatum.

Nach DIN 5008 sollen (Empfehlungen!) auf der ersten Seite rechts (ab Grad 60) drei Punkte stehen, auf der zweiten Seite ab Grad 40 „– 2 –"; das gilt sinngemäß auch für weitere Seiten.

Wohin auf der zweiten Seite Zusätze zu schreiben sind, wird nicht gesagt. Da die Zeile mit dem Seitenhinweis durch die Stellung etwa in der Mitte vergeben ist, muß man wohl auf die nächste oder die übernächste Folgezeile ausweichen.

Günstiger ist folgendes Verfahren: Die drei Punkte auf der Vorseite und den Seitenhinweis auf der Folgeseite linksbündig beginnen — wie alles andere auch. Das bedeutet: Schreibvereinfachung und hat außerdem den Vorteil, daß man mit Zusätzen auf der Folgeseite nicht in Verlegenheit kommt.

(Seite 1)
. . .

(Seite 2)
–2– Maschinenfabrik Leisten AG, 27.08...

Zur zweiten Seite gibt es im Zusammenhang mit den Kapiteln „Die Bezugszeichenzeile" und „Billigere + bessere Briefe =

Textprogrammierung + Automation“ im dritten Teil dieses Buches, dem Teil „Textprogrammierung“, einiges zu sagen. Die Bezugszeichenzeile ist es nämlich, die den Versuch, „vollautomatisch“ programmierte Korrespondenz zu schreiben, manchmal scheitern läßt.
Vollautomatisch mit Hilfe eines Textsystems oder Personal Computers kann man, unter anderem, nur schreiben, wenn die Briefblätter automatisch zugeführt werden. Was aber, wenn ein Brief über die erste Seite hinaus auf die zweite Seite geht? Der Kopfteil der zweiten Seite sieht in unserer Korrespondenz meistens anders aus als der auf der ersten Seite. Die erste Seite ist deshalb als zweite Seite nicht verwendbar. Im Wege ist vor allem die vorgedruckte Bezugszeichenzeile.
Die Aufgabe heißt also: Den Briefkopf so umgestalten, daß das vorgedruckte Briefblatt der ersten Seite auch als zweite Seite dienen kann! Wie das zu machen ist, dafür sehen Sie auf der nächsten Seite ein Beispiel.

ImK · Institut für moderne Korrespondenz
Wolfgang Manekeller

ImK W. Manekeller, An der Wallburg 28, 5060 Berg. Gladbach 1

Telefon 0 22 04 / 6 39 67
Kreissparkasse Köln 313 006 212, BLZ 373 502 13

Eilzustellung

ABC-Versicherung AG
Abteilung Weiterbildung
Herrn Klaus Brehmer
Postfach 12 34 56

2000 Hamburg 1

23.09.86 mb

Korrespondenzseminare in Ihrem Haus
Ihr Anruf vom 22.09.86

Sehr geehrter Herr Brehmer,

noch einmal vielen Dank für Ihren Anruf. Hier, zusammengefaßt, das gewünschte Angebot:

<u>"Geschäftsbriefe - sachgerecht, partnerfreundlich, rationell"</u>

Es geht hauptsächlich um das Formulieren von Geschäftsbriefen in Ihrem Bereich K 3. Teilnehmer sind alle Sachbearbeiterinnen und Sachbearbeiter. Geplant sind drei 1,5tägige Seminare mit je etwa 15 Teilnehmern.

<u>"Höhere Leistung und mehr Freude am Schreiben durch bessere Deutschkenntnisse"</u>

Das Seminar soll die Rechtschreib-, Zeichensetzungs- und Grammatik-kenntnisse auffrischen, erweitern und festigen. Teilnehmer: Sekretärinnen, Phono- und Stenotypistinnen. Teilnehmerzahl: etwa 15. Seminardauer: 2 x 3 Tage.

Zu beiden Themen erhalten Sie mit diesem Brief als Anregung für Ihre Einladungsgestaltung eine Gliederung in Stichworten.

Die Honorarfrage haben wir telefonisch bereits besprochen. Die Angaben in Anlage 3 stimmen mit dem Inhalt unseres Gesprächs überein. - Auf gute Zusammenarbeit!

Freundliche Grüße

<u>Anlagen</u>
Seminarinformationen
Referenzangaben
ImK-Literaturliste

Gruß mit Absenderangaben

Früher war es üblich, Gruß und Absenderangaben unter dem Text ins rechte Briefblattfeld zu setzen, entweder den ganzen Block in sich auf Mitte oder, moderner, mit einheitlichem Zeilenanfang. Das widerspricht seit 1975 der DIN 5008 und wird nur noch von wenigen praktiziert, allerdings manchmal von namhaften Unternehmen.
Der Normalfall ist heute: Gruß und Absenderangaben werden linksbündig geschrieben.
Dabei steht der Gruß – meistens „Mit freundlichem Gruß" oder „Mit freundlichen Grüßen" – mit einer Leerzeile Abstand zum Kerntext des Briefes. Dieser Abstand soll auch dann nicht vergrößert werden, wenn der Brief kurz ist.
Darauf folgt, wieder mit einer Leerzeile Abstand, die Bezeichnung des Unternehmens oder der Behörde.
In den meisten Unternehmen wird der Name des Unterzeichners (oder die Namen der Unterzeichner), oft noch mit Rangzusätzen, in angemessenem Abstand maschinenschriftlich wiederholt. Welche Angaben hier gemacht werden sollen und wie groß der Abstand zur Firmen- oder Behördenbezeichnung sein soll, muß innerbetrieblich geregelt werden.

Zum Thema „Rationalisierung":

Muß eigentlich die Bezeichnung eines Unternehmens oder der Behörde maschinengeschrieben unter dem Gruß stehen? Allgemein durchgesetzt hat sich die Auffassung: Wenn diese Bezeichnung in rechtlich einwandfreier Form im Briefkopf steht, braucht sie am Briefende nicht auch noch zu stehen.
Muß der Unterzeichnername unter der Unterschrift maschinengeschrieben wiederholt werden? Nein. Sollte er wiederholt werden? Die Wiederholung ist dann überflüssig, wenn dieser Name schon eindeutig im Briefkopf steht und die Unterschrift gut lesbar ist. – Als sinnvoll hat sich erwiesen, in der Unterschrift oder der maschinenschriftlichen Wiederholung der Unterschrift deutlich zu machen, ob eine Frau oder ein Mann unterschreibt. Allgemeine Praxis: Wenn nur ein Familienname genannt ist, nimmt der Leser

an, daß es sich um einen Mann handelt. Unterschreibt eine Frau, sollte sie „Frau“ oder ihren Vornamen dazusetzen; dann gibt es keine Mißverständnisse.

Ein Beispiel für Gruß und Absenderangaben (Punkt = Leerzeile):

Mit freundlichem Gruß

.

Maschinenfabrik Leisten AG

.

(Unterschrift)

.

Ursula Winter
Werbeleiterin

Die Anlagen

Ob man am Ende des Briefes, unterhalb der Schlußformel, erwähnt, daß Anlagen beigefügt sind, ist eine Frage der guten oder schlechten Erfahrung. Vielfach wird es zweckmäßig sein: damit derjenige, der den Brief in den Umschlag steckt, die Anlagen nicht vergißt und damit der Empfänger nach dem Lesen des Briefes noch einmal darauf hingewiesen wird, also auch sogleich bemerkt, wenn die im Text erwähnten Anlagen fehlen sollten.

Man kann sich mit „Anlage“ oder „Anlagen“ begnügen, man kann aber auch noch dazuschreiben, was für Anlagen es sind. Die genaue Angabe ist manchmal zweckmäßig, zum Beispiel für einen Publizisten, der Artikel an Zeitungen und Zeitschriften verschickt. Hat er auf seinen Durchschlägen stets die Titel seiner versandten Arbeiten stehen, kann es ihm nicht passieren, daß er demselben Empfänger einen Beitrag zweimal schickt. Außerdem kann er prüfen, welche der eingesandten Arbeiten nicht veröffentlicht worden sind.

Nach der DIN-5008-Fassung von 1975 sollte der Anlagenvermerk, linksbündig beginnend, unter dem Gruß-Absender-Block stehen, in angemessenem Abstand von der letzten Zeile dieses Blocks. Wenn der Platz dort nicht mehr ausreichte, durfte auf die Position neben dem Gruß-Absender-Block ausgewichen werden. Diese Regel hat sich geändert. In der 1986er DIN-5008-Fassung werden

die beiden Positionen gleichberechtigt behandelt. Wir haben also zwei Möglichkeiten:
Möglichkeit A: Der Anlagenvermerk steht in angemessenem Abstand (etwa drei Zeilen) linksbündig unter dem Gruß-Absender-Block.
Möglichkeit B: Der Anlagenvermerk steht neben dem Gruß-Absender-Block, beginnend auf Grad 50 (bei Pica-Schriftgröße) oder Grad 60 (bei Elite-Schriftgröße). Der Abstand nach oben, zum Kerntext, soll mindestens eine Zeile betragen. Das bedeutet aber, daß wir den Anlagenvermerk auch tiefer setzen dürfen.
Da der Platz für den Anlagenvermerk unter dem Gruß-Absender-Block nicht immer ausreicht, ist es zweckmäßig, sich ausschließlich für die Position rechts neben diesem Block zu entscheiden. Tut man es nicht, müssen die Schreiberinnen oft wechseln.
Eine weitere Frage im Zusammenhang mit dem Anlagenvermerk ist das Unterstreichen des Wortes „Anlage(n)". Früher wurde es empfohlen und war üblich. Jetzt sagt die DIN-5008-Regel nichts mehr darüber. Wann ist das Unterstreichen sinnvoll, wann nicht?
Wenn Sie nur „Anlagen" oder „5 Anlagen" schreiben wollen, lassen Sie den Unterstreichungsstrich am besten weg.
Wenn sie unter der Überschrift „Anlagen" die Anlagen benennen, ist es zweckmäßig, das Wort „Anlagen" zu unterstreichen, damit es sich als Überschrift von den Zeilen darunter abhebt.
Das Unterstreichen ist auch dann zu empfehlen, wenn auf den Anlagenvermerk ein Verteilvermerk folgt. Da dem zu schreibenden Leitwort „Verteiler" auf jeden Fall irgendwelche Angaben folgen, wird man das Wort „Verteiler" unterstreichen; dann muß aber, gleichberechtigt, auch „Anlage(n)" unterstrichen werden, selbst dann, wenn die Anlagen nicht aufgezählt werden.

Beispiele:

Anlage

5 Anlagen

<u>Anlagen</u>
Referenzbriefe
Literaturangaben
Seminarzeitplan

<u>Anlagen</u>
Referenzbriefe
Literaturangaben

Stichwortgliederung	Verteiler
Einladungstext	Verkaufsleitung
	Organisationsleitung

Aber bitte, nicht vergessen: Vorschrift sind auch diese Unterstreichungen nicht.

Zeilenlänge, Zeilenabstand

Für die Zeilenlänge hat die DIN 5008, Jahrgang 1986, eine Änderung gebracht. Die Zeilen sind verkürzt worden. Es gilt für Pica-Schriftgröße (Elite-Schriftgröße): Zeilenbeginn Grad 10 (12), Zeilenende Grad 70 (84). Toleranz: ± 5 Anschläge. Absolute Endpunkte also: Grad 75 (89).

Viele Schreibkräfte, aber auch Korrespondenten meinen, es wirke oft besser, wenn ein Brief 1½zeilig oder 2zeilig geschrieben sei, vor allem dann, wenn der Brief, 1zeilig geschrieben, nur die halbe Seite fülle. Doch das ist unrationell und außerdem regelwidrig.

Nach den DIN-Regeln wird mit einfachem Grundzeilenabstand geschrieben. Nur Schreiben besonderer Art, zum Beispiel Glückwunschbriefe oder Zeugnisse, darf man mit größerem Zeilenabstand gestalten.

Die Regeln sind klar, und sie sind vernünftig. Also im allgemeinen: 1zeilig schreiben!

Zwischenbilanz

Sehen wir uns nun an, was aus unseren Beispielbriefen aus dem Kapitel „Wie sehen Geschäftsbriefe heute oft noch aus?“ geworden ist. Die Änderungen in den nachstehenden Fassungen beschränken sich auf die besprochenen Punkte: Anschrift, Bezugszeichenzeile, „Betreff“, Hervorhebungen im Brieftext, zweite Seite, Grußformel, Anlagenhinweis.

Die alten Jahreszahlen haben wir in dieser Ausgabe von 1989 beibehalten, weil sie für die Sache unerheblich sind.

Wortwahl, Satzbildung und Stil — Sie werden gemerkt haben, daß es nicht zum besten damit bestellt ist — sind zunächst unverändert geblieben.

Verkaufsbüro Göttingen
Herrn Karl Frese
Lehmannstraße 5

3400 Göttingen

(Vorgedruckte Bezugszeichen)
tk-ms 16.07.77 ge-k 26.08.77

Vernetzer für Impexon - Veränderungsanzeige

Auf Ihre freundliche Anfrage vom 16. Juli ds. J. zurückkommend, bringen wir Ihnen nachfolgend einige Änderungen bezüglich Vernetzer für Impexon zur Kenntnis:

Das bisherige Vernetzer-Versuchsprodukt SAV 484 wird unter der Bezeichnung

Vernetzer VD

in unser Verkaufsprogramm aufgenommen.

Wir möchten hierzu bemerken, daß bei der Herstellung von Impexon-Teilen nach dem Gießverfahren der Zusatz von Vernetzer RD oft sehr lange Entformungszeiten in Anspruch genommen hat. Dagegen erlaubt es der Vernetzer VD nun, dieselben in wesentlichem Ausmaß herabzusetzen.

Unser Ziel besteht darin, daß wir versuchen wollen, im Lauf der Zeit den Vernetzer RD durch den Vernetzer VD zu ersetzen. Die bisher vorgenommene Notierung von

DM 17,80 per kg

bleibt unverändert bestehen.

Ein entsprechendes Merkblatt befindet sich in Vorbereitung. Wir werden Ihnen dieses nach Erhalt schnellstmöglichst zugehen lassen.

Wir empfehlen uns Ihnen

hochachtungsvoll

Rheinische AZ-Werke AG
Verkaufsbüro Chemikalien Düsseldorf vorläufiges Merkblatt

18.02.77 kl-fa

Herrn Friedrich Weiler
Hansaring 468

5000 Köln am Rhein

Ihr Brief vom 13.02.77, tkd-ma
Gestaltung der Anzeigenserie "Wir sind dabei"

Sehr geehrter Herr Weiler!

Bezugnehmend auf Ihre freundliche Rückfrage vom 13. ds. Mts. erlauben wir uns, Sie hiermit daran zu erinnern, daß wir von Anfang an den 27. Februar als letzten Termin für die Abgabe der Reinzeichnungen für die obengenannte Anzeigenserie fest vereinbart hatten. Wir geben zwar gerne zu, daß Sie infolge gewisser Umdisponierungen gezwungen waren, in Ihrer Arbeit nach Vorlage der ersten Rohentwürfe praktisch noch einmal von vorn anzufangen doch fiel diese Entscheidung bereits schon so frühzeitig, daß es Ihnen gewiß möglich gewesen sein dürfte, sich auf den noch verbleibenden Zeitraum einzustellen und die Anzeigen in der gewünschten Weise zur Ausführung zu bringen. Wir gehen also davon aus, daß Sie Ihre Arbeiten bis zu dem vereinbarten Termin zum Abschluß bringen werden.

Was nun Ihre zweite Frage anbetrifft, ob die Symbole - das Firmen- und das Produktzeichen - unbedingt beide in allen Anzeigen zur Anwendung gelangen sollen, müssen wir Ihnen nach Rücksprache mit unserem Patentanwalt mitteilen, daß in dieser Hinsicht keinerlei Einschränkungen vorgenommen werden dürfen. Da wir Ihre typographischen Gesichtspunkte jedoch recht gut verstehen, haben wir die Zustimmung zu einer Verkleinerung der beiden Zeichen um je 3 mm erreicht; unserer Ansicht nach besitzen Sie damit im Rahmen des verhältnismäßig großen Formats genügend Spielraum, die beiden Zeichen derart unterzubringen, daß dadurch dennoch keine Beeinträchtigung des Gesamtbildes erfolgt und die Kontinuität der Entwicklung gewährt bleibt.

Schließlich möchten wir Sie vorsorglich noch einmal darauf hinweisen, daß in Ihrer Farbgebung bei dem Blauton das Ihnen bekannte Firmenblau unseres Unternehmens genau Berücksichtigung finden muß. In den anderen Farben ist Ihnen ja bekanntlich absolut freie Hand gelassen, nur daß die anderen Farbtöne in der Nuancierung eben auf das Firmenblau abgestimmt sein müssen.

Wir hoffen, daß mit unseren vorstehenden Ausführungen Ihre Fragen hinreichend beantwortet sind und wir dementsprechend zu dem vereinbarten Zeitpunkt mit einem erfolgreichen Abschluß Ihrer Arbeit rechnen dürfen. Im voraus für Ihre Bemühungen bestens dankend, empfehlen wir uns Ihnen

mit freundlichen Grüßen

Fred Nebe KG
Verkauf
Im Schacht 314

6600 Saarbrücken

(Vorgedruckte Bezugszeichen)
lm-rt 08.04.77 we.ts 10.04.77

Zahlungsaufschub

Sehr geehrte Herren!

Wie ich Ihrem geschätzten Schreiben vom 08. ds. Mts. entnehme, ist am 15.04.77 der Betrag Ihrer Rechnung vom 15.03.77 in Höhe von

750 DM

fällig. Leider ist es mir nicht möglich, den gesamten Betrag in einer Summe zu zahlen, weil ich durch ungewöhnlich langsam eingehende Außenstände in vorübergehende Zahlungsschwierigkeiten geraten bin.

Ich bitte Sie daher, mit folgenden Ratenzahlungen einverstanden zu sein:

1. Rate am 15.04.1977	300 DM
2. Rate am 15.05.1977	250 DM
3. Rate am 15.06.1977	200 DM

Bitte, geben Sie mir Nachricht, ob Sie meinem Wunsche entsprechen können.

Ihnen für Ihr Entgegenkommen schon jetzt bestens dankend, begrüße ich Sie

mit vorzüglicher Hochachtung

Weber & Söhne

Verkaufsbüro Kassel
Friedrichstraße 14

3500 Kassel

(Vorgedruckte Bezugszeichen)
tz-fd 31.03.77 kx-bl 04.09.77

Backpulverfabrik Heimann KG

Durch obigen Bericht haben wir zur Kenntnis genommen, daß der Kunde für ein DP 3 entsprechendes Produkt, das durch die Firma Lederthal & Co. geliefert wird, den gleichen Preis wie für unsere Lieferungen bezahlt. Zusätzlich erhält er jedoch durch diese Wettbewerbsfirma einen 2%igen Rabatt.

Um dem Kunden Gelegenheit zu geben, unser Produkt vermehrt einzusetzen, sind wir bereit, ihm einen entsprechenden Netto-Preis an Hand zu geben. Dieser stellt sich dann auf DM 826,-- per 1oo kg. Wir hoffen, daß Sie mit dieser Notierung zum Ziel kommen werden und verbleiben

mit freundlichem Gruß

Verkaufsleitstelle München

Wenn wir die veränderten Stellen im ersten Brief miteinander vergleichen — Anschrift, Bezugszeichenzeile, „Betreff", Einrükkungen, Grußformel, Anlagenhinweis —, so ergibt sich zwischen der Fassung auf Seite 13 und der veränderten Fassung auf Seite 38 ein Unterschied von rund 40%.
Für die einzelne Schreibkraft sind die Einsparungen natürlich vergleichsweise sehr bescheiden. Dabei dürfen wir jedoch eines nicht vergessen: Gerade die Arbeiten an der Schreibmaschine, die wir vereinfacht oder gestrichen haben, werden am langsamsten ausgeführt (das ist in der Rechnung noch nicht berücksichtigt) und verlangen, weil sie monoton sind, am meisten „Nerven" — das Sperren, das Unterstreichen, das Einrücken und Einmitten. Wer selbst maschineschreibt, weiß, wie sehr solche Arbeitsgänge den Fluß des Schreibens unterbrechen und zugleich auch den roten Faden reißen lassen; denn die Schreiberin soll ja nicht mechanisch und blind drauflostippen, sondern den Sinn dessen, was sie schreibt, erfassen. Tut sie das nicht, häufen sich die Fehler, und das Ausmerzen von Fehlern kostet sogar noch mehr Zeit, als die weggefallenen Anschläge und Schaltungen verlangt hätten.

Phonodiktat und Zentraler Schreibdienst

Im Einleitungsteil war mehrfach von Stenotypistinnen und Phonotypistinnen die Rede. Wenn es um rationelles Arbeiten geht, bedarf es dazu einer Ergänzung: Die Stenografie ist als Diktataufnahme-Verfahren nur noch in Ausnahmefällen sinnvoll. Was man ins Stenogramm diktieren kann, läßt sich auch auf Tonträger ansagen. Was wird dadurch erreicht? Hier die wichtigsten Vorteile:

1. Die Stenogramm-Aufnahmezeit fällt weg. Damit wird für die Schreiberin zugleich die Zeit gewonnen, die sie beim Diktanten „absitzen" muß, wenn er während des Diktats gestört wird.

2. Diktant und Schreiberin können unabhängig voneinander arbeiten. Keiner stört den anderen, keiner muß auf den anderen warten, keiner bringt des anderen Biorhythmus durcheinander.

3. Das Schreiben nach Tonträgerdiktat geht schneller als das nach Stenogrammdiktat.

4. Vom arbeitsmedizinischen Standpunkt aus ist das Phonodiktat eindeutig vorzuziehen.

Die großen Vorteile des Phonodiktats werden allerdings nur wirksam, wenn durch einheitliche Diktatsprache (1983: DIN 5009) Mißverständnisse zwischen Diktant und Schreiberin vermieden werden. Sichere Kenntnis und sicherer Umgang mit dieser Diktatsprache sind allein durch eine sorgfältige, fachkundige Schulung der Diktanten und der Phonotypistinnen zu erzielen. Wer an dieser Stelle spart, verschenkt den Rationalisierungseffekt und handelt sich oft genug auch noch Ärger und Unzufriedenheit ein.

Wie sehen die Diktatregeln aus?

Wir unterscheiden zwischen Schreibtext und Instruktionstext. Auch im Diktat müssen diese beiden Textarten genau auseinandergehalten werden. Dazu bedienen wir uns signalisierter und direkter Instruktionen.

Signalisierte Instruktionen

Bis auf die unter „Direkte Instruktionen" zusammengefaßten Fälle werden alle Instruktionen durch das Signalwort STOPP angekündigt. Dieses STOPP heißt also für die Schreiberin:
„Nicht weiterschreiben! Zuhören! Es folgt eine Erläuterung."
Nach der Instruktion wird der folgende Schreibtext durch das Signalwort TEXT angekündigt. Beispiel:

Schreibtext	Ansagetext
Ausnahmen sind n i c h t möglich	Ausnahmen sind STOPP bitte sperren nicht TEXT möglich Punkt

Wie das Beispiel zeigt, wird der in besonderer Weise zu schreibende Textteil in die Instruktion eingebaut, steht also zwischen STOPP und TEXT.

Direkte Instruktionen

Strenges Befolgen der „Stopp-Text"-Regel hieße für unseren Beispielfall, daß auch das Wort „Punkt" durch „Stopp" und „Text" eingerahmt werden müßte. Denn es soll nicht das Wort „Punkt" geschrieben, sondern die Taste „Punkt" angeschlagen werden; „Punkt" ist kein Schreibtext, „Punkt" ist eine Instruktion. Verführe man so, würde das Diktat durch ständiges „Stopp-Text"-Ansagen zerrissen. Das wäre nicht sinnvoll. Deshalb werden alle Instruktionen, die auf nichts Außergewöhnliches hinweisen, vom „Stopp-Text"-Zwang befreit. Als direkte Instruktionen sind zu behandeln:

Instruktionen zur Positionierung:	Anschrift — Behandlungsvermerk — Bezugszeichen — Betreff ...
Instruktionen zur Textanordnung:	Absatz — Neue Zeile — Einrücken — Fluchtlinie — x-mal schalten — Auswerfen — Stufengliederung ...
Instruktionen zur Rechtschreibung:	groß — klein — römisch — hoch — tief — Bindestrich — Apostroph ...
Satzzeichen-Instruktionen:	Alle Satzzeichen (einschließlich „Klammer auf", „Klammer zu", „Auslassungspunkte")

Textersatzzeichen-Instruktionen:	Schrägstrich – gegen – abzüglich – plus – minus – Summenstrich – Abschlußstrich...
Gliederungs-Instruktionen:	nächstens

Zeichensetzung

Schwierigkeiten bereitet fast überall die Zeichensetzung. Es gibt nur zwei sinnvolle Verfahren: 1. Alle Satzzeichen sind anzusagen. 2. Alle Satzzeichen außer dem Komma sind anzusagen: Kommastellen sind durch eine kurze Sprechpause mit vorhergehender leichter Stimmhebung anzudeuten.

Da nur wenige unter den Diktierenden wie unter den Schreibenden in der Kommasetzung sicher sind, muß eine Seite etwas dazulernen. Bei Verfahren 1 sind das die Diktierenden, bei Verfahren 2 die Schreibenden. Da sich die Diktierenden schon auf Inhalt und Stil konzentrieren müssen und die Schreibenden weniger Personen sind, wird der zweite Weg meistens vorgezogen.

Was fehlt — zuviel, als daß man großzügig sein dürfte —, läßt sich im wesentlichen in einem Seminar erarbeiten; das gilt auch für die Rechtschreibung (je drei halbe Tage).

Buchstabieren

Wörter, die vermutlich nicht allgemein bekannt sind (vor allem schwierige Fach- und Fremdwörter, Eigennamen), werden buchstabiert, mit Hilfe des deutschen Buchstabieralphabets. Beispiel:

Schreibtext	Ansagetext
Unsere Mitarbeiterin,	Unsere Mitarbeiterin
Frau Blaskiewisz,	Frau
wird Sie informieren.	STOPP
	ich buchstabiere Blaskiewisz
	Berta Ludwig Anton Samuel

Kaufmann Ida Emil Wilhelm Ida
Samuel Zacharias
TEXT
wird Sie informieren
Punkt

Gliederungen

Gliederungs-Instruktionen, zum Beispiel bei tabellenartig zu schreibenden Texten, werden als signalisierte Instruktionen angesagt. Beispiel:

... waren folgende Herren anwesend
Doppelpunkt
STOPP
Es folgt eine Aufstellung in drei Spalten
Erste Spalte Name
Zweite Spalte Beruf
Dritte Spalte Anschrift
TEXT
Weber Komma Werner
Chemie-Ingenieur
fünf Köln eins Komma Karlstraße vier

Ist die Textanordnung schwieriger, hilft man sich, indem man eine grobe Anordnungsskizze beifügt. In noch komplizierteren Fällen ist dieser Teil des Diktats handschriftlich oder maschinenschriftlich — gut lesbar — vorzuschreiben.

Diktant — Schriftstückende — Diktatende

Am Anfang jedes Diktats sind Angaben zum Diktanten zu machen: Name, eventuell Abteilung, Telefon, Zimmer, Kostenstelle ...
Damit auf den Tonträgern keine Diktate vergessen und dann vielleicht sogar gelöscht werden, ist am Ende jedes Schriftstücks „Ende dieses Schreibens“, am Ende der letzten Schriftstückansage auf dem Tonträger zusätzlich „Diktatende — keine weitere Ansage“ anzusagen.

Damit zählen diese Hinweise auch zu den direkten Instruktionen. Überhaupt wird sich jeder Arbeitsbereich das eine oder andere zusätzliche direkte Signalwort schaffen und vielleicht eins der üblichen direkten Signalwörter weglassen, je nach den Anforderungen des Schriftgutes. Solche fest vereinbarten Abweichungen oder Erweiterungen vom Grundsystem sind nützlich; sie dürfen jedoch nicht mit Regellosigkeit verwechselt werden und zum Aufweichen des ganzen Systems führen. Regellosigkeit ist das Ende des rationellen Phonodiktats. Nur eine eindeutige, einheitliche Diktatsprache ermöglicht es, die Vorteile des Phonodiktats auszuschöpfen und Nachteile zu vermeiden. Dies gilt ganz besonders dann, wenn das Phonodiktat mit einem Zentralen Schreibdienst verbunden wird.

Viele Zentrale Schreibdienste sind eingerichtet worden, ohne daß man sich um eine eindeutige, einheitliche Diktatsprache gekümmert hat. Die Folge: Die Ergebnisse blieben weit hinter den hochgesteckten Erwartungen zurück, zumal dieses Versäumnis mit weiteren Versäumnissen einherzugehen pflegte.

Wer kein Geld für eine angemessene Vorbereitung ausgeben will — und dazu gehören auch Weiterbildungsmaßnahmen —, sollte nicht rationalisieren. Er zerstört alte, unrationelle, aber immerhin funktionierende Arbeitsweisen, ohne neue, rationelle Arbeitsweisen, die ebenfalls funktionieren, an ihre Stelle zu setzen. Rationalisierung ohne angemessenen Aufwand ist der Versuch, aus Stroh Gold zu machen. Und in der Ausführung bedeutet das: für ein bißchen Kleingeld eine Menge Ärger einhandeln.

Faßt man die Sache allerdings richtig an, kann sie viele Vorteile bringen, für alle Beteiligten. Voraussetzung dafür:

Zweckmäßige Arbeitsstühle und -tische. Die Stühle, mit fünf Rollen versehen, müssen auf so vielfältige Weise verstellbar sein, daß sie sich den Körpermaßen jeder Schreiberin anpassen lassen. Ideal ist es, wenn sich auch noch die Tischhöhe verstellen läßt.

Weitgehender Schallschluck. Da Schreibmaschinen klappern, ist es notwendig, etwas für die Geräuschdämpfung zu tun. Das gelingt mit schallschluckenden Wandelementen, Teppichboden, Gardinen. Gute Wirkung bringen zusätzlich elektrische Schreibmaschinen mit Abdeckhauben, allerdings nur, wenn die Haube mit einer

Korrekturband-Einrichtung verbunden ist, so daß man beim Korrigieren die Haube nicht zu öffnen braucht.

Richtige Raumtemperatur und Luftfeuchtigkeit. Beides läßt sich durch Regelvorrichtungen auf den günstigsten Werten halten. Dies ist deshalb so wichtig, weil falsche Temperaturen und zu niedrige Luftfeuchtigkeit schnell zu Unwohlsein, Kopfschmerzen, Mattigkeit und Erkältungen führen.

Richtig zugeführtes Licht (Lichtbänder) mit ausreichender Helligkeit (700 bis 1000 Lux). Bei schlechtem Licht werden die Augen überanstrengt. Die Folge: Müdigkeit, Konzentrationsmangel, Kopfschmerzen.

Leistungsfähige Arbeitsgeräte. Die besten Schreibsysteme und Diktiergeräte sind gerade gut genug. Die Leistungen von Spezialistinnen sollte man nicht durch Abstriche an der Ausrüstung beeinträchtigen. (Die Maschinenkosten betragen nur etwa 4% der Gesamtkosten für einen Arbeitsplatz!)

Sinnvoll organisierte Arbeitsabläufe. Einheitliche, rationelle Schreibweisen; Systemdiktat; gut funktionierender Botendienst; reibungslose, gleichmäßige Arbeitsverteilung; einfache Leistungserfassung (und gerechte Leistungsbewertung!).

Eine sorgfältig ausgebildete Schreibdienstleiterin. Sie braucht vielseitige Fachkenntnisse und ausgeprägte Führungseigenschaften im besten Sinne des Wortes. Ihre Aufgabe ist es, die Anforderungen der Diktierenden gegenüber den Schreibenden und die Anforderungen der Schreibenden gegenüber den Diktierenden zu vertreten. Mit der Persönlichkeit der Schreibdienstleiterin steht und fällt meistens die harmonische Zusammenarbeit und die Leistungsfähigkeit in dieser Abteilung.

Wie jeder weiß, sind mancherlei negative Stellungnahmen über die Einrichtung „Zentraler Schreibdienst" im Umlauf. Das Bild sähe anders aus, fügte man auch die positiven Erfahrungen ein, die viele Mitarbeiterinnen und Mitarbeiter in und mit dem Zentralen Schreibdienst gemacht haben. Der Kardinalfehler einiger Kritiker besteht darin, daß sie nicht wissen, wovon sie sprechen. Der Kardinalfehler anderer Kritiker besteht darin, daß sie schlechte

Beispiele mit der Methode verwechseln und gute Beispiele angestrengt übersehen.

Gegenüber der Organisationsform „Zentraler Schreibdienst" sollten wir uns sowohl kritisch als auch aufgeschlossen verhalten. Kritik und Aufgeschlossenheit sind die beste Sicherheit für Rationalisierung und Humanität am Arbeitsplatz.

Automatische Textbearbeitung

Eine Spezialaufgabe der Textautomation rückt mehr und mehr in den Vordergrund: die automatische Textbearbeitung. Es gibt kaum ein Unternehmen oder eine Behörde, wo nicht wieder und wieder schwierige Texte entständen, die eben wegen ihrer Schwierigkeit mehrfach geschrieben werden müssen. Jeder neue Schreibvorgang bedeutet viel Aufwand am Schreibplatz, dazu aber auch am Sachbearbeitungsplatz; denn das — mit Korrekturen — Abgeschriebene ist vom ersten bis zum letzten Buchstaben erneut auf Schreibfehler zu kontrollieren.

Wer eine elektronische Speicherschreibmaschine, einen Personal Computer oder ein Textsystem einsetzt, vermeidet den teuren Abschreib- und Leseaufwand, die Monotonie des Neuschreibens und Neulesens und die erhebliche Verzögerung der Schriftstück-Fertigstellung.

Besonders komfortabel ist dieses „Korrekturschreiben" mit Hilfe eines Zeilendisplays („Fenster in den Arbeitsspeicher") oder eines Bildschirms. Die Schreiberin sieht im Augenblick der Eingabe, ob sie etwas richtig oder falsch gemacht hat, kann also Eingabefehler leicht und schnell ausmerzen. Das Druckwerk kann dabei von der Eingabeeinheit getrennt sein, so daß erstens überlappend gearbeitet werden kann und zweitens das Schreibgeräusch nicht in unmittelbarer Nähe entsteht, also auch nicht stört.

Die folgende Behauptung mag zunächst paradox klingen: Ein solches Gerät für Textbearbeitungsaufgaben sollte auch in jedem

Chefsekretariat stehen. Paradox, weil es dort natürlich gar nicht voll genutzt werden kann, etwa wie in einem Schreibdienst. Der Grund für diese Forderung ist hier ein anderer: Die Chefsekretärin muß so viele Aufgaben wechselnd, oft durcheinander lösen, daß sie häufig unter extremem Arbeitsdruck steht. In dieser Situation passieren Schreibfehler noch viel leichter als sonst. Also sollte man die Streßlage zumindest durch ein Stück passender Technik zu mildern versuchen.

Es hat sich in vielen Fällen gezeigt, daß Chefsekretärinnen, denen eine Speicherschreibmaschine oder dergleichen für Überarbeitungsaufgaben zur Verfügung steht, auf diesem modernen Stück Technik auch alle „normalen" Schriftstücke produzieren. Weniger Streß! Keine Schreibfehlerprobleme mehr!

II. Rationeller Stil

Was kann der Korrespondent tun?

Korrespondent und Typistin — ob er Verkaufssachbearbeiter oder Direktor, ob sie Typistin oder Sekretärin ist —, diese beiden bilden eine Arbeitsgemeinschaft, deren Erfolg immer vom Können und vom guten Willen eines jeden abhängt. Wenn sich die Typistin auf neue Schreibregeln einstellt, um Zeit zu sparen, die sie als Mehr in das Geschäft des gemeinsamen Bemühens einbringt: was steuert dann der Korrespondent zur Leistungssteigerung bei?

Zum einen darf seine Schreiberin erwarten, daß auch er die neuen Regeln kennt und nicht etwa ihnen widersprechende Angaben macht.

Zum anderen aber kann auch er dazu beitragen, daß die Briefe kürzer werden, entscheidend sogar. Damit

erspart er seiner Schreiberin Zeit,
erspart er sich selbst Zeit,
erspart er Vorgesetzten Zeit, die seine Post lesen,
erspart er dem Korrespondenzpartner Zeit.

Und das ist nur das mindeste. Hinzu kommt: Wer sich zwingt, knapp zu diktieren, zwingt sich zugleich, klar zu diktieren.

Der hier beginnende zweite Teil dieses Buches ist keine Stilkunde für Korrespondenten; er ist nur ein Ausschnitt einer solchen Stilkunde, und in diesem Ausschnitt beschäftigen wir uns mit den wichtigsten jener Stilfiguren und Ausdrucksmittel, die unsere Brieftexte verlängern und dabei meistens auch noch in ihrer Wirkung schwächen.

Der Korrespondent soll sich also, wie seine Schreiberin, umstellen. Es wird nicht verlangt, daß er nun nächtelang lernt und lernt, um in Kürze ein erstklassiger Stilist zu werden. Nein, dieser Buchteil mutet ihm nur zu — und traut ihm allerdings auch zu —, daß er einige leicht erkennbare Stilunarten teils ganz, teils nach dem Grad seines Sprachgefühls ablegt.

Denn eins ist sicher: Der neue Briefstil setzt sich durch.

Einleitungen

Im ersten Teil dieses Buches haben wir über typografische Verbeugungen vor dem Briefpartner gesprochen: Manche Korrespondenten meinen, es sehe höflich oder schöner aus, wenn die erste Zeile des ersten Absatzes oder sogar eines jeden Absatzes nicht am linken Rand, sondern drei oder fünf oder zehn Anschläge nach rechts gerückt beginne. Dieser typografischen Verbeugung entspricht eine Verbeugung in der Formulierung. Nur während jene allmählich ausstirbt, hält sich diese mit großer Hartnäckigkeit. Sehen wir uns die Anfänge unserer Beispielbriefe (Seite 13 bis Seite 16) an:

1. Auf Ihre freundliche Anfrage vom 16. Juli ds. J. zurückkommend, bringen wir Ihnen nachfolgend einige Änderungen bezüglich Vernetzer für Impexon zur Kenntnis.

2. Bezugnehmend auf Ihre freundliche Rückfrage vom 13. ds. Mts. erlauben wir uns, Sie hierdurch daran zu erinnern, daß ...

3. Wie ich Ihrem Schreiben vom 8. ds. Mts. entnehme, ist am 15. 04. 1977 der Betrag Ihrer Rechnung in Höhe von DM 750,— fällig.

4. Durch obigen Bericht haben wir zur Kenntnis genommen, daß der Kunde für ein DP 3 entsprechendes Produkt, das durch die Firma Lederthal & Co. geliefert wird, den gleichen Preis wie für unsere Lieferungen bezahlt. Zusätzlich erhält er jedoch durch diese Wettbewerbsfirma einen 2%igen Rabatt.

   Um dem Kunden Gelegenheit zu geben, unser Produkt vermehrt einzusetzen ...

Die Einleitung des Briefes 1 enthält für den Empfänger keine neue Information: Auf welches Schreiben sich der Korrespondent bezieht, geht schon aus der Bezugszeichenzeile hervor, und daß er eine Veränderung hinsichtlich des Vernetzers Impexon bekanntgeben will, läßt sich bereits aus der Stichwortzeile entnehmen. Warum nicht statt dessen mit der Hauptsache beginnen, mit dem, was der Absender erfahren will und erfahren muß?

Das bisherige Vernetzer-Versuchsprodukt SAV 484 ist unter der Bezeichnung

Vernetzer VD

in unser Verkaufsprogramm aufgenommen worden.

In der Einleitung des Briefes 2 haben wir denselben Fehler vor uns: Der Korrespondent bezieht sich auf etwas, worauf er sich schon in der Bezugszeichenzeile bezogen hat. Hier ist der Fehler jedoch noch erweitert. Auch die Fortsetzung „erlauben wir uns, Sie hierdurch daran zu erinnern“ bringt noch nichts Wissenswertes, und als das Wissenswerte dann schließlich kommt, erscheint es im Gewand eines Nebensatzes. Die Hauptsache wird durch das Nebensächliche, wird durch überflüssiges Rankenwerk erdrückt. Warum nicht gleich sagen, worauf es ankommt?

Wir hatten von Anfang an den 27. Februar als letzten Termin für die Abgabe der Reinzeichnungen fest vereinbart.

Sie sehen, daß aus der ursprünglichen Formulierung noch „für die obengenannte Anzeigenserie“ weggelassen ist. Auch diese Wendung ist überflüssig, weil die hier gemeinte Anzeigenserie schon in der Stichwortzeile genannt ist, also ohne Erläuterung von gar keiner anderen die Rede sein kann.

Die Einleitung des Briefes 3 beginnt ähnlich wie die beiden schon besprochenen Einleitungen: „Wie ich Ihrem Schreiben vom 8. ds. Mts. entnehme ...“ Es ist klar, dieser Teil ist unnötig; der Empfänger weiß, daß er das Folgende aus seinem Brief entnommen hat. Aber die Satzfortsetzung bringt gegenüber den bisher betrachteten Beispielen etwas Neues, sie bringt eine Tatsache: „... ist am 15. 04. 1977 der Betrag Ihrer Rechnung in Höhe von DM 750,— fällig.“ Halten Sie es für notwendig, das zu sagen?

Einmal wiederholt der Schreiber hier das, was ihm der Korrespondenzpartner mitgeteilt hat, was der also selbst am besten weiß, und zum anderen muß ihm dieser Sachverhalt ohnehin bekannt sein, denn der Zahltag war ja ein Teil des Kaufvertrages. Die Wiederholung klingt so, als habe der Schuldner von einer Zahlungsverpflichtung durch den Brief des Geschäftspartners zum erstenmal gehört; das macht einen ungünstigen Eindruck.

Ließe man allerdings den zweiten Teil des Satzes ganz weg, so wäre das Ergebnis auch nicht befriedigend. Der Anfang lautete dann:

Zahlungsaufschub

Sehr geehrter Herr ...

Leider ist es mir nicht möglich, den ganzen Betrag in einer Summe zu zahlen, weil ...

Da die Rechnung mit ihrem Betrag nicht in der Bezugszeichenzeile steht — sie ist durch den Brief des Partners besetzt —, käme sie bei dieser Form überhaupt nicht vor. Der Empfänger wüßte zwar auch so, um welchen Rechnungsbetrag es geht, aber der Brief erscheint uns dennoch nicht vollständig. Zwei Möglichkeiten bieten sich an:

a) Ihre Rechnung vom 15. 03. 77 über 750 DM

Sehr geehrter Herr ...

b) Zahlungsaufschub

Sehr geehrter Herr ...

Leider ist es mir nicht möglich, die 750 DM Ihrer Rechnung vom 15. 03. 77 auf einmal zu zahlen.

Sie haben erfaßt, worauf es ankommt: Die Rechnung mit ihrem Betrag muß erwähnt werden, jedoch nicht so, daß aus ihrem Bestehen und Fälligwerden eine Hauptsatzaussage wird.

In Beispiel 4 verhält es sich genauso wie in Beispiel 3, nur noch eindeutiger. Der Korrespondent wiederholt in fünf Zeilen, was ihm der Partner — ein Verkaufsbüro der eigenen Firma — berichtet hat, und gibt dann in drei Zeilen die Antwort darauf. Die ganze Wiederholung des Berichteten ist nutzlose Last.

Schlußformeln

Wie am Anfang, so geraten viele auch am Schluß eines Briefes in die Nähe der Förmlichkeit oder sogar der Feierlichkeit. In zahlreichen Unternehmen sind derartige Briefschlüsse geradezu Vorschrift — man will ein einheitliches Briefbild erreichen.

Gegen solche Einheitlichkeit ist gar nichts einzuwenden, solange ihr Inhalt geschmackvoll und zweckmäßig gewählt ist. Aber vergleichen Sie einmal hier und da die steifen Schlußformeln der Geschäftsbriefe und die Anzeigen und Prospekte desselben Unternehmens. Wo bleibt da das einprägsame einheitliche „Firmengesicht"?

Vergegenwärtigen wir uns die Schlußwendungen unserer vier Beispielbriefe (Seite 13 bis Seite 16):

1. Wir empfehlen uns Ihnen
   hochachtungsvoll

2. Im voraus für Ihre Bemühungen bestens dankend, empfehlen wir uns Ihnen
   mit freundlichen Grüßen

3. Ihnen für Ihr Entgegenkommen schon jetzt bestens dankend, begrüße ich Sie
   mit vorzüglicher Hochachtung

4. Wir hoffen, daß Sie mit dieser Notierung zum Ziel kommen werden und verbleiben
   mit freundlichem Gruß

Zu 1: Dieser Schluß ist eine abgenutzte Floskel, die niemanden beeindruckt. Und das ist sogar noch das Beste daran, denn nähme man ihren Wortlaut ernst, so fiele das Ergebnis ungünstig aus: Es ist gut, wenn andere einen empfehlen, aber aufdringlich und verdächtig, wenn man sich selbst empfiehlt.

Zu 2: Dasselbe Bild, nur ist die Schlußformel mit dem letzten Satz verbunden. Diese Verbindung pflegt jedoch zu einer weiteren Ungeschicklichkeit zu verführen: Aus einem Hauptsatz „Wir danken Ihnen im voraus bestens für Ihre Bemühungen" wird eine Partizipialkonstruktion (Mittelwort: dankend), und der ausgeprägte Dank erscheint dadurch beiläufiger, nebensächlicher, nur so hingesagt.

Zu 3: Auch hier ist der letzte Satz mit der Schlußformel verbunden. Aber die Schlußformel enthält zusätzlich einen Denkfehler. Man *be*grüßt jemanden am Anfang einer Begegnung, am Schluß kann man ihn nur grüßen.

Zu 4: In diesem Beispiel sind wiederum zwei Aussagen zusammengezogen, aber auf andere Weise. Wir haben zwei Hauptsatzaussagen (Wir hoffen ... und verbleiben ...), deren eine durch einen notwendigen daß-Satz ergänzt ist. Da die zweite Hauptsatzaussage mit „und" beginnt, hat sich der Schreiber zu der Annahme verleiten lassen, der Nebensatz werde fortgeführt, und das vor „und" erforderliche Komma weggelassen. Dieser Fehler wird häufig begangen.

Alle vier Briefschlüsse sind nichtssagend und haben darüber hinaus den Nachteil, den Brief zu verlängern. Die einzige sinnvolle Regel gegen einen langen und zugleich langweiligen Schluß heißt: Mit der Sache aufhören und alles Floskelhafte beiseitelassen! Wenn wir den Inhalt der mit der Schlußformel verbundenen Aussagen einmal nicht in Zweifel ziehen, könnten die Schlußformeln lauten:

1. Hochachtungsvoll

2. Wir danken Ihnen im voraus bestens für Ihre Bemühungen.
   Mit freundlichen Grüßen

3. Für Ihr Entgegenkommen schon jetzt besten Dank.
   Mit vorzüglicher Hochachtung

4. Wir hoffen, daß Sie mit dieser Notierung zum Ziel kommen werden.

   Mit freundlichen Grüßen

„Vorreiter"

Unter „Vorreitern" — der Ausdruck ist durch Ludwig Reiners bekannt geworden — verstehen wir sprachliche Einleitungswendungen; sie beanspruchen die Position des Hauptsatzes, ohne die Hauptsache zu sagen; das, worum es geht, wird durch den „Vorreiter" in den Nebensatz, meistens einen daß-Satz, gedrängt. Auch in unseren Beispielbriefen haben wir solche Formulierungen. Da heißt es:

1. Wir möchten hierzu bemerken, daß bei der Herstellung von Impexon-Teilen nach dem Gießverfahren der Zusatz von Vernetzer RD oft sehr lange Entformungszeiten in Anspruch genommen hat.

2. Unser Ziel besteht darin, daß wir versuchen wollen, im Laufe der Zeit den Vernetzer RD durch den Vernetzer VD zu ersetzen.

3. Wir geben zwar gern zu, daß Sie infolge gewisser Umdisponierungen gezwungen waren, in Ihrer Arbeit nach Vorlage der ersten Rohentwürfe praktisch noch einmal von vorn anzufangen, doch fiel diese Entscheidung bereits schon so frühzeitig, daß es Ihnen gewiß möglich gewesen sein dürfte, sich auf den noch verbleibenden Zeitraum einzustellen und die Anzeigen in der gewünschten Weise zur Ausführung zu bringen.

4. Was nun Ihre zweite Frage anbetrifft, ob die Symbole — das Firmen- und das Produktzeichen — unbedingt beide in allen Anzeigen zur Anwendung gelangen sollen, müssen wir Ihnen nach Rücksprache mit unserem Patentanwalt mitteilen, daß in dieser Hinsicht keinerlei Einschränkungen vorgenommen werden dürfen.

5. Schließlich möchten wir Sie vorsorglich noch einmal darauf hinweisen, daß in Ihrer Farbgebung bei dem Blauton das Ihnen bekannte Firmenblau unseres Unternehmens genaue Berücksichtigung finden muß.

Wir haben es hier mit Satzeinleitungen zu tun, die Platz kosten und außerdem unsere Aussage schwächen. Die Korrespondenten hätten in den fünf Fällen schlicht schreiben sollen:

1. Bei der Herstellung von Impexon-Teilen nach dem Gießverfahren hat der Zusatz von Vernetzer RD oft sehr lange Entformungszeiten beansprucht.

2. Im Laufe der Zeit wollen wir den Vernetzer RD durch den Vernetzer VD zu ersetzen versuchen.

3. Sie mußten zwar infolge gewisser Umdisponierungen nach Vorlage der ersten Rohentwürfe fast von vorn anfangen, doch fiel diese Entscheidung so früh, daß Sie sich darauf einstellen konnten.

4. Wegen des Firmen- und Produktzeichens haben wir mit unserem Patentanwalt gesprochen. Hier sind keine Einschränkungen möglich.

5. Nur zur Erinnerung: Berücksichtigen Sie bitte unbedingt den Blauton des Ihnen bekannten Firmenblaus.

Durch Weglassen der „Vorreiter" haben wir 29, 30, 30, 170 und 94 Anschläge eingespart. In den Fällen 3, 4 und 5 sind wir allerdings darüber hinausgegangen; der neue Satzbau regte zu strafferer Formulierung an, der auch Wiederholungen aus dem Partnerbrief zum Opfer fielen.

Zum Abgewöhnen hier eine Liste typischer „Vorreiter":

Wir freuen uns, Ihnen mitteilen zu können, daß ...
Wir bedauern, Ihnen mitteilen zu müssen, daß ...
Wir erlauben uns, Ihnen mitzuteilen, daß ...
Wir haben die Ehre, Ihnen mitzuteilen, daß ...
Wir gestatten uns, Ihnen mitzuteilen, daß ...
Wir können nicht umhin, Ihnen zu sagen, daß ...
Wir möchten Sie darauf hinweisen, daß ...
Wir möchten Sie darauf aufmerksam machen, daß ...
Wir möchten darauf verweisen, daß ...

Wir möchten Sie daran erinnern, daß ...
Es ist unsere feste Überzeugung, daß ...
Wir sind der Überzeugung, daß ...
Wir sind der Ansicht, daß ...
Wir sind der Meinung, daß ...
Wir sind der Auffassung, daß ...
Wir sind davon überzeugt, daß ...
Wir meinen, daß ...
Wir neigen zu der Überzeugung, daß ...
Wir vertreten den Standpunkt, daß ...
Es ist unsere Absicht (+ Grundformgruppe)
Es ist unser erklärtes Ziel (+ Grundformgruppe)
Es ist unsere Vorstellung, daß ...
Es ist Ihnen bekannt, daß ...
Es ist unsere Erfahrung, daß ...
Gern nehmen wir zur Kenntnis, daß ...
Der Ordnung halber möchten wir Sie noch darauf aufmerksam machen, daß ...
Gern haben wir ersehen, daß ...
Zu unserem Bedauern nahmen wir zur Kenntnis, daß ...
Zu Ihrer Unterrichtung teilen wir Ihnen mit, daß ...
Zu Ihrer gefl. Verwendung geben wir Ihnen zur Kenntnis, daß ...
Wir beehren uns, Ihnen mitzuteilen, daß ...
Es ist uns eine Freude, Ihnen mitzuteilen, daß ...

Diese Liste läßt sich durch andere Kombination der verschiedenen Teile beliebig verlängern. Aber es wäre ermüdend für Sie, wollten wir es jetzt tun. Wichtiger ist: Sie durchschauen das Schema dieser „Vorreiterei".

Wenn wir jemandem etwas mitteilen, so brauchen wir dem Korrespondenzpartner nicht zu sagen, daß wir ihm etwas mitteilen: er merkt es ja. Ebensowenig brauchen wir ihm dauernd zu sagen, daß das Mitgeteilte unsere Ansicht, Auffassung, Überzeugung, unser Standpunkt ist. Alles, was wir ihm schreiben, ist ja unsere Meinung ... Wenn wir Ansichten anderer Leute übermitteln, werden wir das kenntlich machen.

Es ist ferner unsinnig, jemandem anzukündigen, daß man ihm das, was man mitteilt, zu seiner Unterrichtung, Information, Kenntnis, gefl. Verwendung oder daß man es ihm guter Ordnung halber schreibt.

Der Inhalt von „Vorreitern" wie „Es ist Ihnen bekannt" und „Es ist unsere Erfahrung" wird manchmal wirklich benötigt. Mit Hilfe einer Umstandsbestimmung gelingt es dennoch, die Hauptsache in den Hauptsatz zu bringen: Bekanntlich ... Nach unserer Erfahrung ... Die hier aufgezählten Formulierungen und ähnliche Wendungen sind ausdrucksschwach, platzraubend und fast immer unnötig. Der eine oder andere Fall, in dem sie trotzdem passen, gehört zu den Ausnahmen, welche die Regel bestätigen.

„Streckformen"

Sie kennen vielleicht die Sage von Prokrustes, jenem Riesen, der im alten Griechenland Wanderer durch Abhacken oder Ausrecken der Gliedmaßen einem Bett angepaßt haben soll. Wie Prokrustes Leute, die für sein Gästebett nicht groß genug waren, auf die richtige Länge brachte, so neigen wir dazu, Wörter, die uns nicht bedeutend genug klingen, durch Strecken bedeutender zu machen.

> Wir werden die Auslieferung der Kücheneinrichtung noch heute zur Durchführung bringen.

Da lacht einem das Herz im Leibe, nicht wahr? Die Wichtigkeit eines solchen Satzes kann niemand übersehen, der Chef des Korrespondenten nicht und der Briefempfänger auch nicht. Oder? Ob nicht doch schlichterer Ausdruck einen besseren Eindruck hinterläßt?

> Wir werden die Kücheneinrichtung noch heute liefern.

Ich jedenfalls würde mich auf das Versprechen des zweiten Korrespondenten eher verlassen, denn wenn ich mir überlege, daß sich alle Mitarbeiter dieser Firma — wie der Korrespondent in diesem Satz — 40 % mehr Arbeit mit einer Sache machen, als sie verlangt, dann muß ich mich fragen: Wie wollen die bloß mit ihren Aufgaben fertig werden? Dazu kommt die stilistische Eigenart des ersten Beispielsatzes; sie erinnert mich lebhaft an unbeweglich und umständlich arbeitende Behörden (das soll es geben), dagegen überhaupt nicht an ein modern geführtes Unternehmen.

Mit einem Streckverfahren haben wir es zu tun, wenn aussagekräftige Tätigkeitswörter durch Konstruktionen ersetzt werden, die aus einem informationsschwachen Tätigkeitswort und einem schwerfälligen Hauptwort bestehen. Was ist in unserem Beispielfall geschehen?

Das Wort „liefern" erscheint zu einfach, es macht nicht viel her. Also verzaubert man den unscheinbaren Bürger zunächst einmal in einen Prinzen. Aus „liefern" wird „die Lieferung". Das Spiel gefällt einem, und man findet, daß sich die „Lieferung" noch zu einer Auslieferung aufwerten läßt. Aber was nun? „Kücheneinrichtung Auslieferung noch heute" ist kein richtiger Satz, also bestenfalls im Telegramm verwendbar. Es hilft nichts, für das verstoßene „liefern" muß Ersatz herbeigeschafft werden, allerdings ein Ersatz, der den Sinn von „liefern" nicht mehr auszudrücken braucht und gar nicht mehr ausdrücken darf, weil der ja schon in der „Auslieferung" enthalten ist. Was kann man mit einer Auslieferung anfangen? Man kann sie durchführen.

Da nach einem abgewandelten Katz-und-Maus-Sprichwort „der Strecker das Strecken nicht läßt", fällt den besonders Begabten nun gleich ein, daß ja auch „durchführen" wiederum in den Adelsstand eines Verbalsubstantivs zu verwandeln ist: Durchführung. Statt etwas durchzuführen, zum Beispiel eine Auslieferung einer Kücheneinrichtung, kann man es zur Durchführung bringen. Und damit ist das Kunstwerk vollendet: die Auslieferung einer Kücheneinrichtung wird zur Durchführung gebracht. Natürlich entwickelt sich ein solcher Satz und daraus eine ganze Stilart (besser: Stilunart) nicht so bewußt, wie ich es hier beschrieben habe. Die meisten, die so schreiben, denken sich wahrscheinlich überhaupt nichts dabei, sondern folgen nur einem Vorbild, das sie täglich immer wieder und in vielfältiger Gestalt vor Augen haben.

Wenn wir uns Wendungen dieser Art einfallen lassen, scheint die Bezeichnung „vielfältig“ auf den ersten Blick zuzutreffen. Und schließt sich da nicht der Gedanke an, daß doch Vielfalt in der Sprache etwas Positives ist? Das stimmt schon, nur bemerken wir beim zweiten Blick auf unsere Streckkonstruktionen, daß es mit der vermeintlichen Vielfalt nicht weit her ist. Was in den Verbalsubstantiven (Auslieferung, Anwendung, Abrechnung usw.) an Formen- und Inhaltsreichtum enthalten ist, haben wir in den entsprechenden Verben (liefern, anwenden, abrechnen) ebenso, und was die „Ersatzverben“ hinzubringen, ist sehr schnell gesagt:

> bringen, kommen, vornehmen, durchführen, gelangen, nehmen, erfolgen, geschehen

Mit diesen acht Wörtern haben wir die gebräuchlichsten schon aufgezählt. Eine kleine Schar! Und ist es nicht auch eine ziemlich kläglich wirkende Schar? Aber dafür sind ihre Mitglieder nahezu überall einsetzbar. Einen Eindruck davon gibt Ihnen die folgende Liste:

Streckformen	Verb
zur Auslieferung bringen	ausliefern, liefern
zum Versand bringen	versenden, senden
zur Verladung bringen	verladen, laden
auf den Weg bringen	schicken
zur Durchführung bringen	durchführen
zur Ausführung bringen	ausführen
zur Direktlieferung bringen	direkt liefern
in Wegfall kommen lassen	wegfallen lassen, weglassen
die Belieferung vornehmen	beliefern
zur Anwendung kommen lassen	anwenden
zur Anwendung kommen	angewandt werden
die Abrechnung vornehmen	abrechnen
die Durchsicht vornehmen	durchsehen
zum Versand kommen lassen	versenden, senden
zum Versand kommen	versandt werden
in Vormerkung nehmen	vormerken
in Verwahrung nehmen	verwahren
zur Ausführung gelangen	ausgeführt werden
eine Untersuchung durchführen	untersuchen
eine Inbetriebnahme durchführen	eine Anlage in Betrieb setzen, die Produktion aufnehmen

Sie erkennen, daß neben informationsschwachen Tätigkeitswörtern an diesen Wendungen meistens Hauptwörter mit der Endsilbe „ung“ beteiligt sind. Die Endsilbe „ung“ weist immer darauf hin: Dieses Hauptwort ist aus einem Tätigkeitswort entstanden, es ist ein Verbalsubstantiv (Verb = Tätigkeitswort, Substantiv = Hauptwort). Die Endsilbe „ung“ kann demnach als ein Signal dienen: Aufpassen, hier wird „gestreckt“!

Übereifrige folgern daraus, daß Streckformen als Stilschwäche bekämpft, daß alle Hauptwörter mit der Endsilbe „ung“ vermieden werden müssen. Das ist ein mühsames und dazu sinnloses Geschäft. Wer 100 m über das Ziel hinausschießt, verfehlt es ebenso wie einer, der 100 m zu kurz schießt. Prüfen wir, ob es Unterschiede zu beachten gibt!

1. Darf ich Ihnen in Erinnerung bringen, daß Sie selbst den 05. 08. als Termin genannt haben?
2. Diese Erinnerung möchte ich nicht missen.
3. Wir sind bereit, Ihnen Unterstützung zu gewähren.
4. Von dieser Unterstützung kann man kein Kind großziehen.
5. Diese Beurteilung hat Hand und Fuß.
6. Bei der Durchführung der Beurteilung ist vor allem auch die Arbeitseinstellung der Bewerber einer Prüfung zu unterziehen.
7. Er hat die Prüfung bestanden.

In welchen dieser sieben Sätze sind die Hauptwörter mit der Endsilbe „ung“ schlecht, weil sie aussagekräftige Tätigkeitswörter verdrängen, und in welchen Sätzen sind sie angebracht?

Satz 1:

Darf ich Sie daran erinnern, daß Sie selbst den 05. 08. als Termin genannt haben?

Satz 2:

?

Satz 3:

Wir sind bereit, Sie zu unterstützen.

Satz 4:

?

Satz 5:

?

Satz 6:

Bei der Beurteilung ist vor allem auch die Arbeitseinstellung der Bewerber zu prüfen. (?)

Satz 7:

?

Wenn Sie versuchen, die Sätze 2, 4, 5 und 7 in ähnlicher Weise zu verändern, wie wir es bei den Sätzen 1, 3 und 6 gemacht haben, so stoßen Sie auf Schwierigkeiten. Woran liegt das?

In Satz 1 drückt „in Erinnerung bringen“ eine Tätigkeit aus, in Satz 2 steht „Erinnerung“ dagegen hauptsächlich für den Inhalt dessen, woran man sich erinnert; die Tätigkeit des Erinnerns schließt das Ergebnis ein und macht es in diesem Fall sogar zur Hauptsache.

In Satz 3 geht es allein um die Tätigkeit des Unterstützens, in Satz 4 dagegen hauptsächlich um den Inhalt der Unterstützung, zum Beispiel Geld.

Auch in Satz 5 steht nicht das Tun, das Beurteilen, sondern das Ergebnis des Beurteilens, die Beurteilung, im Vordergrund.

In Satz 6 sind zwei Fälle nicht zweifelhaft: Durchführung, Prüfung unterziehen. „Durchführung“ ist ganz überflüssig, und aus „Prüfung unterziehen“ muß „prüfen“ werden, denn hier ist ausschließlich die Tätigkeit des Prüfens gemeint. „Beurteilung“ und „Arbeitseinstellung“ haben wir zunächst stehenlassen, weil diese Verbalsubstantive nur durch eine starke Satzkorrektur zu vermeiden sind. Aber wir können sie vermeiden. Aus dem

Inhalt des Satzes geht hervor, daß dieser Satz zu einer Anweisung gehört, also ist es auch möglich — und sogar gut —, die Angewiesenen direkt anzusprechen.

Satz 6:

Wenn Sie die Bewerber beurteilen, prüfen Sie auch, wie sie sich zu ihrer Arbeit einstellen.

Dürfen wir damit ganz zufrieden sein? Ich würde hier das Verbalsubstantiv „Arbeitseinstellung" der Auflösung in einen Nebensatz vorziehen, denn das Hauptwort „Arbeitseinstellung" bezeichnet zwar wirklich, wie sich die Bewerber zu ihrer Arbeit einstellen, zugleich aber ebenso stark das Ergebnis dieser fortwährenden Tätigkeit, die Grundhaltung, wie man sagen könnte. Also:

Satz 6:

Wenn Sie die Bewerber beurteilen, prüfen Sie auch Ihre Arbeitseinstellung!

Nachdem Sie nun vor dem übermäßigen Gebrauch von Hauptwörtern mit der Endsilbe „ung", aber auch vor ihrer „Ausmerzung" hinreichend gewarnt worden sind, wollen wir nicht übersehen, daß sich ähnlich schlechte Resultate wie mit „ung-Wörtern" auch mit echten Hauptwörtern erzielen lassen; sie wirken zwar nicht ganz so schwerfällig, aber auch sie — „in Frage stellen", „in Auftrag geben" — sind durch die Verbindung mit einem ausdrucksschwachen Tätigkeitswort gekennzeichnet. Hier eine gemischte Reihe:

Man stellt in Aussicht, trägt ernste Sorge, erteilt Anordnungen, bringt Problemstellungen zum Bewußtsein, zeigt Bedenken auf, unternimmt geeignete Schritte, erteilt Zustimmung, gibt in Auftrag, macht Versprechungen, zieht in Betracht, in Zweifel, in Erwägung, stellt in Frage, wendet Handhabungen an und versinkt, wenn das alles nichts nützt, schließlich und endlich in tiefe Nachdenklichkeit.

Und im Traum fällt einem vielleicht ein: Man kann auch ankündigen, sich sorgen, anordnen, auf Probleme hinweisen, bedenken, handeln, zustimmen, beauftragen, versprechen, betrachten, zweifeln, erwägen, handhaben, nachdenken.

Die Regel, die aus diesem Kapitel abzuleiten ist, lautet also: Das aussagekräftige Tätigkeitswort der Konstruktion „Hauptwort + informationsschwaches Tätigkeitswort" vorziehen! Auch das ist ein Mittel, knapper und zugleich überzeugender zu schreiben.

Um zu zeigen, daß man sich durch einen aufgeblähten Hauptwortstil sogar lächerlich machen kann, zum Schluß ein kleines Rätsel: Kennen Sie den folgenden Text noch in einer anderen Fassung?

> Da die Auffassungsfähigkeit und die Gedächtniskapazität in den Entwicklungsjahren ihre stärkste Ausprägung erfahren und mit Zunahme des Alters mehr und mehr einem biologisch bedingten Schwund unterliegen, muß die Verlegung des Lernprozesses vorzugsweise gerade in diesen fruchtbarsten Zeitraum erfolgen.

Die Lösung des Rätsels ist kurz und einfach: Was Hänschen nicht lernt, lernt Hans nimmermehr. Sie können auch sagen: Was ein Häkchen werden will, krümmt sich beizeiten.

Zusammengesetzte Wörter

Wenn wir es mit dem Anschlagzählen bei der Arbeit der Schreibkräfte genau nehmen, also zum Beispiel die Anschriftgestaltung vorschreiben, müssen wir es auch bei der Arbeit der Korrespondenten tun. Kleine Einsparungen lassen sich dadurch erreichen, daß wir einfache statt zusammengesetzter Wörter bevorzugen. Zugleich machen wir damit unsere Sätze „schlanker", leichter lesbar.

> Gern erwarten wir Ihren Bescheid, welche dieser Produkte für Ihre Einsatzzwecke in Frage kommen.

Mit dieser Problemstellung müssen wir uns zukünftig stärker befassen.

Es ist ungünstig, diese Arbeiten in den Zeitraum der großen Schulferien zu legen.

In jedem dieser drei Sätze steckt ein zusammengesetztes Wort, das durch ein einfaches Wort zu ersetzen ist: Einsatzzwecke, Problemstellung, Zeitraum. Wir verlieren nichts an Information, ersparen aber 7, 8 und 4 Anschläge, wenn wir statt dessen „Zwecke", „Problem" und „Zeit" diktieren. Bitte kürzen Sie ähnlich erweiterte Ausdrücke in den folgenden Sätzen!

Der Mitarbeiter will als eigenverantwortlicher Mensch behandelt werden.

Delegation von Aufgaben stärkt die Eigeninitiative.

Wie beurteilen Sie die Entwicklungsrichtung zur Verbundbauweise?

Der Zeitabstand zwischen der ersten und der zweiten Aktion war zu lang.

Wir müssen auch den Letztverbraucher mit unserer Werbung ansprechen.

Die Preisbindung der zweiten Hand liegt im Eigeninteresse des Endverbrauchers.

Wir haben eine Reihe wichtiger Einzelentscheidungen getroffen.

Sie haben sicherlich sofort erkannt, daß „Verantwortung, Initiative, Entwicklung, Zeit, Verbraucher, Interesse" und „Entscheidungen" genügen, um das auszudrücken, was hier ausgedrückt werden soll. Die Neigung, einfache Wörter zu zusammengesetzten Wörtern aufzublähen, beschränkt sich nicht auf Hauptwörter, wenngleich sie sich dort besonders auffällig zeigt. Auch Tätigkeitswörter erweitern wir mit Vorliebe.

Der Vertrag wurde am 1. Januar abgeschlossen.

Diese Entwicklung müssen wir abdrosseln.

Die Preise steigen fortwährend an.

In dem neuen Betrieb verwalzen wir Profile.
Deshalb haben wir den Mietvertrag aufgekündigt.
Die Gewinne sinken weiter ab, während die Kosten ansteigen.

Reicht es denn nicht aus,

wenn wir Verträge schließen,
wenn wir eine Entwicklung drosseln,
wenn die Preise steigen,
wenn wir Profile walzen,
wenn wir Mietverträge kündigen,
wenn die Gewinne sinken?

Verbzusätze und Vorsilben können den Sinn eines Wortes modifizieren; dann erfüllen sie einen Zweck. So mag eine „Veränderung" eine kleine, eine „Änderung" dagegen eine starke Korrektur andeuten. Meistens jedoch werden die Zusätze gedankenlos eingespannt, und das sollte nicht sein, denn sie verlängern unsere Texte, ohne sie zu bereichern.

Doppelaussagen

Wir lachen oder schütteln den Kopf, wenn wir Ausdrücke wie „Konkurrenzwettbewerb" und „unsere neu renovierten Räume" lesen, merken aber oft nichts bei Sätzen wie den folgenden:

Es ist zu prüfen, ob für den vorgesehenen Liefertermin noch freie LKW-Kapazität vorhanden ist.
Wir haben Ihnen bereits vor einem Monat schon mitgeteilt, daß wir diesem Vorschlag nicht zustimmen können.
Die Einrichtung wurde von den Erben meistbietend versteigert.
Wir haben uns in diesem Fall an die gebräuchlichen Usancen gehalten.
Ihre Rückantwort erwarten wir im Laufe der nächsten Woche.

Wir dürfen in einer solchen Situation nicht in sentimentaler Rückerinnerung verharren.

Nach dem vorausgegangenen Hinweis wird es Ihnen nicht schwergefallen sein, die Doppelbezeichnungen in diesen Sätzen zu entdecken: Vorhandene LKW-Kapazität ist freie LKW-Kapazität; wenn man jemandem etwas bereits mitgeteilt hat, so hat man es ihm schon mitgeteilt; wer etwas versteigert, gibt es dem Meistbietenden; Usancen sind immer Gebräuchliches; jede Antwort ist eine Rückinformation, und jede Erinnerung wendet sich in die Vergangenheit, wendet sich zeitlich zurück.

Etwas genauer aufpassen müssen wir schon, um die Verdoppelungen auch in den folgenden Sätzen entdecken zu können:

> Sie schrieben uns, daß die Kundenliste nicht bei Ihnen eingetroffen ist. Wir haben daraufhin die zuständige Stelle unseres Hauses veranlaßt, Ihnen nochmals eine Kopie dieser Liste zu schicken.
>
> Die Exportindustrie ist nicht in der Lage, diese zusätzlichen Belastungen auffangen zu können.
>
> Nach Wiederbeginn der 2. Halbzeit wurde die Begegnung farbiger.
>
> Vorstand und Aufsichtsrat haben die Verpflichtung, gerade im Sinne der sozialen Symmetrie auch an die Interessen der Aktionäre denken zu müssen.
>
> Obwohl wir diesen einschränkenden Vorbehalt nicht für gerechtfertigt halten, werden wir den Vorschlag annehmen.
>
> Wir bedauern, daß wir Ihnen die gewünschte Ware leider erst Anfang nächsten Monats schicken können.
>
> Von allen übrigen Abteilungen sind bei Alarm 2 möglichst sämtliche Geldmittel, Warenbücher, Statistiken und Buchungsunterlagen auf den Sammelplatz zu befördern, soweit keine Gefahr für Leib und Leben besteht.

Schickt man nochmals eine Kopie, wenn man vorher die Kundenliste selbst, also das Original, geschickt hat? Sie sehen, daß durch die Neigung zur Doppelformulierung auch Logikfehler entstehen können. Wer in der Lage ist, etwas zu tun, der kann es tun. Wenn die 2. Halbzeit beginnt, so beginnt das Spiel wieder, aber nicht die 2. Halbzeit wieder. Wer eine Verpflichtung hat, etwas zu denken, der muß es denken. Ein Vorbehalt schränkt immer ein. Wer mitteilt, er bedaure, eine Ware nicht schicken zu können, der sagt, daß er es leider nicht könne.

Und wie steht es mit dem letzten Beispielsatz? Es geht um Brandalarm. Wann sollen die verschiedenen Werte und Unterlagen gerettet werden? 1. Wenn es möglich ist, 2. soweit keine Gefahr für Leib und Leben besteht. Also auch hier eine Verdoppelung des Gedankens: Durch die erste Formulierung hat man ihn allgemein ausgedrückt, durch die zweite konkret. Aber auch das „nach Möglichkeit" schließt schon ein, für jeden ohne weiteres verständlich, daß die Rettungsaktion dann als unmöglich angesehen wird, wenn Gefahr damit verbunden ist.

Nebenbei ist dem Verfasser ein Fehler unterlaufen, der uns sehr oft begegnet. Er hat „möglichst" mit „nach Möglichkeit" oder „wenn möglich" verwechselt. Durch „möglichst" drückt man einen Steigerungsgrad aus, und so bedeutet die gewählte Formulierung nicht, daß nach Möglichkeit die Unterlagen zu retten, sondern daß möglichst *sämtliche* Unterlagen zu retten seien.

Zu den Verdoppelungen lassen sich auch die Vermischungen zählen, in denen man Teile von Wörtern gleicher oder ähnlicher Bedeutung zusammenkoppelt. Da haben wir schon einen solchen Ausdruck: zusammenkoppeln. Wenn man koppelt, setzt man zusammen. Die Zusammenkoppelung ist ein Gemisch aus beidem. Wo entdecken Sie derartige Vermischungen in den nachstehenden Sätzen?

> Die steigenden Aktienkurse spiegeln die günstige Wirtschaftslage wider.
>
> Den Inhalt des beifolgenden Berichts bitten wir vertraulich zu behandeln.
>
> Es hat keinen Zweck, nach rückwärts zu schauen, wenn wir die Aufgaben der Zukunft bewältigen wollen.
>
> Wir dürfen vor einer Preiserhöhung nicht zurückscheuen.

Ich bin nicht bereit, mir die Meinung der Zentrale auf-oktroyieren zu lassen.

Was diese Seite der Sache anbelangt, so sind wir einverstanden.

Diesen Ansichten können wir ohne weiteres beistimmen.

Widerspiegeln: Zusammensetzung aus „spiegeln" und „widerscheinen".

Beifolgend: Zusammensetzung aus „beiliegend" und „folgend". Der Ausdruck läßt offen, ob die bezeichnete Sache beiliegt oder folgt.

Nach rückwärts: Zusammensetzung aus „nach vorn" und „rückwärts".

Zurückscheuen: Zusammensetzung aus „zurückschrecken" und „scheuen".

Aufoktroyieren: Zusammensetzung aus „aufdrängen, aufzwingen" und „oktroyieren".

Anbelangt: Zusammensetzung aus „anlangt" und „betrifft".

Beistimmen: Zusammensetzung aus „beipflichten" und „zustimmen".

Überflüssige Eigenschaftswörter

Wer viele Hauptwörter verwendet und damit seine Texte verlängert und ihre Lesbarkeit erschwert, hat zugleich reichlich Gelegenheit, viele Eigenschaftswörter zu benutzen. Das Hauptwort verführt dazu.

Aus steuerrechtlichen Gründen können wir unseren Zuschuß zum Werksessen nicht erhöhen.

Nach unseren gemachten Erfahrungen sind wir der festen Überzeugung, daß solche schwierigen Probleme nur in echter Zusammenarbeit zu einer befriedigenden Lösung gebracht werden können.

Vergleichen Sie bitte die Eigenschaftswörter in diesen beiden Sätzen, auf der einen Seite „steuerrechtlich", auf der anderen „gemacht, fest, schwierig, echt, befriedigend". Was geschieht, wenn wir sie alle streichen?

Aus Gründen können wir unseren Zuschuß zum Werksessen nicht erhöhen.

Nach unseren Erfahrungen sind wir der Überzeugung, daß solche Probleme nur in Zusammenarbeit zu einer Lösung gebracht werden können.

Der erste Satz ist unverständlich geworden, der zweite Satz ist genauso verständlich geblieben wie vorher. Daraus folgt: In manchen Fällen brauchen wir ein Eigenschaftswort mit Notwendigkeit, in anderen Fällen, und das sind die meisten, dient ein Eigenschaftswort nur der Ausschmückung oder — der Wichtigtuerei.

Da es uns hier besonders darauf ankommt, überflüssige Anschläge einzusparen, zählen wir wieder einmal nach: Allein dadurch, daß wir die unnötigen Eigenschaftswörter eines Satzes gestrichen haben, hat sich ein Gewinn von 51 Anschlägen ergeben. Rechnen wir noch die Umwandlung des aufwendigen „zu einer Lösung gebracht werden können" in ein sparsames „gelöst werden können" hinzu, so kommen wir auf eine Einsparung von rund 40 %.

Einige Eigenschaftswörter sind besonders „anhänglich" und besonders überflüssig, ja schädlich zugleich. Einer der Spitzenreiter heißt: echt. Was soll heute nicht alles echt sein? Da haben wir: echte Kameradschaft, echte Liebe, echte Verbundenheit, echte Sorge, echten Mut, echtes Mitleid, echte Überlegenheit, echte Partnerschaft, echte Preisermäßigung, echte Entscheidungen, echte Bedürfnisse, echte Fortschritte, echte Gefahren. Sie können die Liste beliebig verlängern.

Ist denn nun alles, was nicht das Etikett „echt" trägt, unecht? Stimmt das nicht? Ist das gelogen? Zum Glück schneiden sich die „Echten" ins eigene Fleisch. Der übermäßige Gebrauch dieses Eigenschaftswortes hat dazu geführt, daß schon beinahe jeder skeptisch aufhorcht, wenn er das Wort „echt" hört oder liest. Der Benutzer des Wortes „echt" möchte seine Sache stärken, und das Ergebnis: er schwächt sie.

Gleich auf die so zahlreichen „echten" Dinge folgen die „grundsätzlichen" und die „grundlegenden" Erwägungen, Überlegungen, Einstellungen, Überzeugungen, Erörterungen, Maßnahmen, Auffassungen, Untersuchungen, Diskussionen, Veröffentlichungen, schließlich sogar Prinzipien. Auch hier ist die Absicht, eine Sache außerordentlich wichtig zu machen, im Spiel.

Genauso ist es mit den maßgeblichen Äußerungen, den näheren Erläuterungen, den nicht unerheblichen Schwierigkeiten, den profilierten Köpfen, den perfekten Kenntnissen, der absolut sicheren Beherrschung von Sprachen, den fundamentalen Erkenntnissen und den idealen Lösungen. Diese Sprachmarken und viele ähnliche sind alles andere als ideale Lösungen. Es ist schon immer schwer gewesen, so zu schreiben, daß die Sätze das logische Bild der Tatsachen waren. Es wird auch schwer bleiben. Wo man sich aber des Problems bewußt ist, kann ein ausreichendes Maß an Übereinstimmung erzielt werden. Keinesfalls ist das jedoch dort möglich, wo leichtfertig mit Phrasen der beschriebenen Art gearbeitet wird.

Wir sprachen anfangs von notwendigen und von schmückenden Eigenschaftswörtern. Eine genauere Unterscheidung sieht so aus:

1. Notwendige Eigenschaftswörter
2. Nicht notwendige Eigenschaftswörter
   a) Schmückende Eigenschaftswörter
   b) „Nichtssagende" Eigenschaftswörter

Hier einige Beispiele, um die Unterschiede ganz deutlich zu machen:

1. Wir übersenden Ihnen hiermit die neue Preisliste.
2. a) Ich danke Dir herzlich für die lebendige Schilderung Deiner Reise.
   b) Wir danken Ihnen verbindlichst für Ihren geschätzten Auftrag.

Die Bezeichnung „neue" in Satz 1 ist notwendig. Die Ausschmückungen „herzlich" und „lebendige" in Satz 2 a) sind zwar nicht notwendig, aber dem Sachverhalt angemessen. Die Höflichkeitsbeteuerungen „verbindlichst" und „geschätzten" in Satz 2 b) wirken phrasenhaft; der Aufwand ist also nicht gerechtfertigt.

Gedehnte Wendungen

Statt „gedehnte Wendungen“ kann man auch „sprachlicher Kaugummi“ sagen. Das typische Merkmal: geringer Informationswert — großer Wortaufwand.

> Zu unserem größten Bedauern müssen wir Ihnen mitteilen, daß wir Ihnen die gewünschte Auskunft nicht geben können.
>
> Es dürfte Ihnen bekannt sein, daß diese Maschine ziemlich störanfällig ist.

Sie wissen längst, daß „müssen wir Ihnen mitteilen“ überflüssig und sinnlos ist. Aber was macht die beiden Sätze darüber hinaus lang und aufgebläht? Bitte versuchen Sie die ersten vier und die ersten fünf Wörter durch je ein einziges Wort zu ersetzen. Es geht ganz leicht:

> Leider können wir Ihnen die gewünschte Auskunft nicht geben.
>
> Bekanntlich ist diese Maschine ziemlich störanfällig.

Wir setzen voraus, daß der Sinn von „zu unserem größten Bedauern“ und „Es dürfte Ihnen bekannt sein“ hier unerläßlich ist; meistens darf und sollte man nämlich auch auf den Sinn dieser Wendungen verzichten, also auch „leider“ und „bekanntlich“ weglassen. Ein „leider“ wird zum Beispiel schon in dem folgenden Satz fragwürdig:

> Leider können wir Ihnen diesen Artikel nicht liefern, weil wir ihn aus unserem Produktionsprogramm gestrichen haben.

Bedauert der Schreiber wirklich, daß er den Artikel nicht liefern kann, weil er und seine Kollegen ihn gestrichen haben? Das hieße ja, er bedauerte die eigenen Entschlüsse und Handlungen. Auf den zitierten Satz könnte der Korrespondenzpartner antworten: „Wenn Sie es bedauern, daß Sie uns diesen Artikel nicht liefern können, weil Sie ihn aus Ihrem Produktionsprogramm gestrichen haben: warum nehmen Sie ihn dann nicht wieder in Ihr Produktionsprogramm auf?"

Prüfen Sie bitte, welche gedehnten Wendungen sich in den folgenden Sätzen kürzen oder ganz streichen lassen. Korrigieren Sie dabei andere Fehler gleich mit.

1. Im vorliegenden Fall erlauben wir uns, Ihnen die Mitteilung zu machen, daß wir fertige Reifen nicht herstellen, sondern nur die Vorprodukte dazu.

2. Bei dieser Gelegenheit möchten wir noch einmal darauf hinweisen, daß bei dem Einsatz von PK in lufttrocknenden Systemen mit keiner Austrocknungsverzögerung zu rechnen ist.

3. Im Rahmen unserer Werbung müssen wir zukünftig mehr Wert legen auf den Bereich der Marktforschung.

4. Aus grundsätzlichen Erwägungen heraus ist es leider nicht möglich, Ihre Bedingungen „frachtfrei Station ..." anzuerkennen, und wir möchten es bei dem bisherigen Modus „frachtfrei westdeutscher Vollbahnstation" belassen.

5. Zum gegenwärtigen Zeitpunkt scheint uns die Zweckmäßigkeit gegeben zu sein, auf der Ebene der Abteilungsleiter mit der Schulung zu beginnen.

6. Zu Ihrer Information übersenden wir Ihnen der Ordnung halber das Protokoll der Ausschußsitzung und erwarten zu gegebener Zeit gern Ihre Stellungnahme.

Zu 1: Was heißt hier „im vorliegenden Fall"? In welchem denn sonst? Überflüssig. Ebenfalls überflüssig ist „erlauben wir uns"; der Korrespondent ist ja gerade um eine Auskunft gebeten worden. „Ihnen die Mitteilung zu machen" ist, wie Sie aus anderen Kapiteln wissen, unsinnig. Wer mitteilt, braucht nicht mehr zu betonen, daß er es tut. Wenn man alles Überflüssige streicht, lautet der Satz:

> Wir stellen keine fertigen Reifen, sondern nur die Vorprodukte her.

Günstiger ist es meistens, nicht mit einer negativen Aussage zu beginnen. Hier ließe sich das so machen:

> Wir stellen zwar die Vorprodukte für Reifen her, nicht aber die Reifen selbst.

Zu 2: „Bei dieser Gelegenheit" sagt genausowenig wie „im vorliegenden Fall", und „möchten wir noch einmal darauf hinweisen" entspricht dem „erlauben wir uns, Ihnen die Mitteilung zu machen", nur daß es strenger, behördenartiger klingt. Weg mit beidem!

> Bei dem Einsatz von PK in lufttrocknenden Systemen ist mit keiner Austrocknungsverzögerung zu rechnen.

Oder besser:

> Es ist nicht zu befürchten, daß PK in lufttrocknenden Systemen das Austrocknen verzögert.

Zu 3: Hier lassen sich „Rahmen" und „Bereich" herausnehmen, ohne daß der Gedanke leidet. Gegen diese beiden Wörter ist allerdings nur einzuwenden, daß sie zu oft, also gedankenlos benutzt werden. Satz 3 heißt dann:

> In unserer Werbung müssen wir zukünftig mehr Wert auf die Marktforschung legen.

Zu 4: Mit „grundsätzlichen Erwägungen" kann der Geschäftspartner nichts anfangen; die Wendung sagt ihm nichts; er weiß, daß sie ein unverbindlicher Vorwand ist. Das „leider" ist fehl am Platz, denn mit diesem „leider" würde der Schreiber ja seinen eigenen Entschluß bedauern. Und was heißt schließlich „und wir möchten es bei dem bisherigen Modus ... belassen"? Möchte man nur, traut sich aber nicht, oder beläßt man wirklich? Ohne Verzierungen lautet der Text:

> Von dem bisherigen Modus „frachtfrei westdeutscher Vollbahnstation" können wir nicht abgehen.

Wenn der Korrespondent dann noch eine vernünftige Erklärung dafür hat, soll er sie geben — bloß keine „grundsätzlichen Erwägungen"!

Zu 5: Wann ist der „gegenwärtige Zeitpunkt"? Jetzt. Na also. Und wann scheint „die Zweckmäßigkeit gegeben" zu sein? Wenn es zweckmäßig zu sein scheint. Wo schließlich beginnt man mit der Schulung, wenn man „auf der Ebene" der Abteilungsleiter beginnt? Bei den Abteilungsleitern. Daraus ergibt sich:

> Jetzt scheint es uns zweckmäßig zu sein, bei den Abteilungsleitern mit der Schulung zu beginnen.

Zu 6: Zu welchem Zweck übersendet man das Protokoll einer Ausschußsitzung an einen, der an der Sitzung nicht teilgenommen hat? Er soll erfahren, was los war; es geschieht zu seiner Information. Und wenn er ein Recht darauf hat, dann tut man es außerdem noch der Ordnung halber. Das ist alles selbstverständlich. Und ist es nicht auch selbstverständlich, daß man eine Stellungnahme — vorausgesetzt, daß man kein Datum nennt — zu gegebener Zeit erwartet? Nach der Schlankheitskur sieht der Satz so aus:

> Wir schicken Ihnen hiermit das Protokoll der Ausschußsitzung und bitten um Ihre Stellungnahme.

Oder:

> Wir schicken Ihnen hiermit das Protokoll der Ausschußsitzung. Würden Sie bitte dazu Stellung nehmen?

Oder:

> Würden Sie bitte zu dem beigefügten Protokoll der Ausschußsitzung Stellung nehmen?

Man kann jede Nuance ausdrücken, die einem richtig erscheint. Aber leere Wendungen wie „zu Ihrer Information", „der Ordnung halber" und „zu gegebener Zeit" braucht man nicht.

Schlußbilanz

Sehen wir uns nun an, was aus unseren Beispielbriefen aus dem Kapitel „Wie sehen Geschäftsbriefe heute oft noch aus?" geworden ist, nachdem wir das Briefbild und auch den Stil im Sinne der Anweisungen des Teils I und der Empfehlungen des Teils II geändert haben.

Verkaufsbüro Göttingen
Herrn Karl Frese
Lehmannstraße 5

3400 Göttingen

(Vorgedruckte Bezugszeichen)
tk-ms 16.07.77 ge-k 26.08.77

Vernetzer für Impexon - Veränderungsanzeige

Das bisherige Vernetzer-Versuchsprodukt SAV 484 haben wir unter der Bezeichnung

Vernetzer VD

in unser Verkaufsprogramm aufgenommen. Beim Herstellen von Impexon-Teilen nach dem Gießverfahren hat der Zusatz von Vernetzer oft lange Entformungszeiten beansprucht. Bei Vernetzer VD sind s: wesentlich kürzer.

Wir wollen den Vernetzer RD allmählich durch den Vernetzer VD zu ersetzen versuchen. Die Notierung von

17,80 DM/kg

bleibt unverändert. Über den Vernetzer VD werden wir Ihnen in Kürze ein Merkblatt schicken.

Mit freundlichem Gruß

Rheinische AZ-Werke AG
Verkaufsbüro Chemikalien Düsseldorf

18.02.77 kl-fa

Herrn Friedrich Weiler
Hansaring 484

5000 Köln

Ihr Brief vom 13.02.77, tkd-ma
Anzeigenserie "Wir sind dabei"

Sehr geehrter Herr Weiler,

der 27. Februar war als letzter Termin für die Abgabe der Reinzeichnungen vereinbart. Sie mußten zwar nach Vorlage der ersten Rohentwürfe fast noch einmal von vorn anfangen, aber diese Entscheidung fiel so früh, daß Sie sich gewiß noch auf die verbleibende Zeit einstellen konnten. Wir rechnen also fest damit, daß Sie den Termin einhalten.

Wegen des Firmen- und des Produktzeichens haben wir mit unserem Patentanwalt gesprochen. Hier sind keine Einschränkungen möglich. Sie dürfen die Zeichen jedoch um 3 mm verkleinern.

Nur zur Erinnerung: Berücksichtigen Sie bitte unbedingt den Blauton des Ihnen bekannten Firmenblaus. Sonst haben Sie freie Hand.

Mit freundlichen Grüßen

Fred Nebe KG
Verkauf
Im Schacht 314

6600 Saarbücken

(Vorgedruckte Bezugszeichen)
lm-rt 08.04.77 we-tz 10.04.77

Zahlungsaufschub

Sehr geehrte Herren,

leider ist es mir nicht möglich, den ganzen Betrag von 750 DM Ihrer Rechnung vom 15.03.77 auf einmal zu zahlen. Ich bitte Si sich mit folgenden Ratenzahlungen einverstanden zu erklären:

1. Rate am 15.04.1977	300 DM
2. Rate am 15.05.1977	250 DM
3. Rate am 15.06.1977	200 DM

Der Eingang von Außenständen wird es mir ermöglichen, diese Ra tenverpflichtungen pünktlich einzuhalten. Für Ihre Zustimmung wäre ich Ihnen dankbar.

Mit freundlichen Grüßen

Weber & Söhne

(Unterschrift)

Verkaufsbüro Kassel
Friedrichstraße 14

3500 Kassel

(Vorgedruckte Bezugszeichen)
tz-fd 31.03.77 kx-bl o4.09.77

Backpulverfabrik Heimann KG

Sehr geehrter Herr Deichler,

um den Kunden zu vermehrtem Einsatz unseres Produktes zu bewegen, senken wir für ihn den Nettopreis auf 826 DM.

Mit freundlichem Gruß

Der Vergleich der Briefe auf den Seiten 13 bis 16 mit den Briefen auf den Seiten 78 bis 81 ergibt Einsparungen, die zwischen 30 und 80% liegen.

Die Auswertung von Übungen aus über 1500 Korrespondenzseminaren in den Jahren 1968 bis 1985 hat eine durchschnittliche Einsparung von rund 40% gezeigt.

Nachgehende Praxisuntersuchungen beweisen, daß sich durch Briefbild- und vor allem Briefstilrationalisierung eine durchschnittliche Einsparung von rund 30% relativ leicht realisieren läßt. (Seminarergebnisse sind natürlich stets besser als die Ergebnisse, die unter Zeitdruck im Berufsalltag erzielt werden können.)

Wenn von so drastischen Texteinsparungen die Rede ist, höre ich in meinen Seminaren immer wieder die Frage: Geht dadurch nicht die Höflichkeit und überhaupt alles Persönliche verloren? Die Antwort ist klar und einfach: Nein, Höflichkeit und persönliche Ansprache gehen nicht verloren, sondern werden verbessert. Wir wollen weg von einem scheinhöflichen, floskelhaften, bürokratischen „Schreiben-Stil" und hin zu einem wirklich höflichen, natürlichen, individuellen Brief-Stil. Selbstverständlich haben wir darauf zu achten, daß wir in dem Bemühen, kurz und klar zu schreiben, nicht bei einem „Hackstil" landen.

Und noch eins ist zu bedenken: In einem Text, der keine langatmigen Überflüssigkeiten enthält, kommen die wesentlichen Informationen entscheidend besser zur Geltung als dort, wo sie im „Wortfett" ihrer Umgebung nahezu versinken.

Liebe Mitarbeiterinnen und Mitarbeiter,

die Empfehlungen dieses Briefes sollen es Ihnen ermöglichen, wesentlich kürzer und gerade durch die Kürze wirkungsvoller zu diktieren. Die Vorteile liegen auf der Hand:

1. Sie brauchen weniger Diktatzeit.
2. Ihre Mitarbeiterin braucht weniger Schreibzeit.
3. Sie und Ihre Vorgesetzten brauchen weniger Lesezeit.
4. Ihr Briefpartner braucht weniger Lesezeit.

Sie rationalisieren Ihre Korrespondenzarbeit zweifach: Erstens schaffen Sie dasselbe in weniger Zeit, ohne sich mehr anzustrengen, und zweitens erhöhen Sie das, was Sie schaffen, zugleich in seiner Qualität.
Dabei sollen Sie keineswegs auf eine Einheitsschreibweise festgelegt werden, und es wird ebensowenig von Ihnen verlangt, daß Sie stilistische Glanzleistungen vollbringen. Die meisten und wichtigsten der folgenden Empfehlungen sind von jedem, der überhaupt Briefe diktieren kann, zu beherzigen.

Empfehlungen und Beispiele

1 Einleitungen

Beginnen Sie mit der Sache!

1.1 Beziehen Sie sich in Ihrem Einleitungssatz nicht auf den Brief, den Sie beantworten; dafür ist die Bezugszeichenzeile da.

1.2 Wiederholen Sie in Ihrem Einleitungssatz nicht, was schon in der Stichwortzeile steht.

1.3 Wiederholen Sie in Ihrer Einleitung nicht, was der Briefpartner Ihnen geschrieben hat, es sei denn, es gibt dafür einen zwingenden Grund.

Beispiele

Falsch: Auf Ihren Brief vom 12. 10. 1982 zurückkommend, teile ich Ihnen mit, daß ich Ihrem Vorschlag zustimme.

Richtig: Ich stimme Ihrem Vorschlag zu.

Falsch: Buch-Sonderangebot für Lehrlinge: „Stilfibel“

Sehr geehrter Herr Weber,
Ihr Buch-Sonderangebot für Lehrlinge „Stilfibel“ sagt mir zu.

Richtig: Buch-Sonderangebot für Auszubildende: „Stilfibel“

Sehr geehrter Herr Weber,

Ihr Angebot sagt mir zu.

Falsch: Wie ich Ihren Zeilen entnahm, können die Liefertermine für die drei Posten Basonil-Färbemittel trotz der telefonisch mitgeteilten Schwierigkeiten eingehalten werden, wofür wir Ihnen unseren besten Dank sagen.

Richtig: Vielen Dank für die gute Nachricht!

2 Schlußformeln

Hören Sie mit der Sache auf!

2.1 Vermeiden Sie allgemeine Schlußformeln.

2.2 Verbinden Sie den letzten Satz nicht mit einer allgemeinen Schlußformel und mit der Grußformel.

Beispiele

Falsch: Wir grüßen Sie
mit vorzüglicher Hochachtung

Wir empfehlen uns Ihnen
mit freundlichen Grüßen

Wir verbleiben
mit den besten Grüßen

Richtig: Mit freundlichem Gruß
Mit freundlichen Grüßen
Mit den besten Grüßen

Falsch: Indem wir Ihnen für Ihre Aufmerksamkeit vielmals danken, bleiben wir, stets zu Ihren Diensten,

Mit freundlichem Gruß

Für Ihre schnelle Antwort im voraus bestens dankend, verbleiben wir
mit vorzüglicher Hochachtung

Richtig: Wir danken Ihnen für Ihre Aufmerksamkeit.
Mit freundlichem Gruß

Für Ihre schnelle Antwort im voraus besten Dank.
Freundliche Grüße

3 „Vorreiter"

Vermeiden Sie „Vorreiter"!

Unter „Vorreitern" versteht man Satzeinleitungen wie:

Wir können Ihnen zu unserer Freude mitteilen, daß ...
Es ist unsere Ansicht, daß ...
Wir erlauben uns, Sie davon zu unterrichten, daß ...
Zu Ihrer Information geben wir Ihnen zur Kenntnis, daß ...

Diese Einleitungen nehmen Platz weg, ohne dem Korrespondenzpartner etwas Erfahrenswertes zu sagen. Sie haben noch einen Nachteil: Die Hauptsache wird aus dem Hauptsatz in einen Nebensatz gedrängt. Nebensächliches beansprucht den Hauptsatz und bekommt so unangemessen viel Gewicht. Statt der Beispielsätze diktieren Sie bitte das, was anstelle der Pünktchen steht, zum Beispiel:

Trotz der Ihnen bekannten Schwierigkeiten werden wir pünktlich liefern.

Unsere Werbung ist zu altmodisch.

Am 1. Januar werden wir in Darmstadt eine Vertretung eröffnen.

Das Etikett darf nur von Herstellern verwandt werden, deren Ware wir geprüft haben.

4 „Streckformen"!

Vermeiden Sie „Streckformen"!

Unter „Streckformen" versteht man Formulierungen wie:

zur Durchführung bringen
die Belieferung vornehmen
zur Ausführung gelangen

Diese Konstruktion besteht also aus einem Hauptwort, das aus einem Tätigkeitswort entwickelt worden ist, und einem hilfszeitwortähnlichen, einem ausdrucksschwachen Tätigkeitswort. Wenn sie uns in den Satz gerät, korrigieren wir, indem wir das aus einem Tätigkeitswort gebildete Hauptwort einfach in das Tätigkeitswort zurückverwandeln, also:

zur Durchführung bringen	durchführen
die Belieferung vornehmen	beliefern
zur Ausführung gelangen	ausgeliefert werden

5 Zusammengesetzte Wörter

Vermeiden Sie zusammengesetzte Wörter, wenn einfache dasselbe ausdrücken!

Hauptwörter

Nicht:		Sondern:
Einsatzzweck		Zweck
Problemstellung	meistens:	Problem(e)
Zeitraum	meistens:	Zeit

Eigenschaftswörter

Nicht:	Sondern:
eigenverantwortlich	verantwortlich

Tätigkeitswörter

Nicht:		Sondern:
aufkündigen		kündigen
ansteigen	meistens:	steigen

6 Doppelaussagen

Vermeiden Sie Verdoppelungen und Vermischungen!

Nicht:	Sondern:
freie Kapazität	Kapazität
bereits schon	schon
Rückerinnerung	Erinnerung

Nicht:	Sondern:
die Pflicht, ... zu müssen	die Pflicht, ... zu (+ Tätigkeits- oder Hilfszeitwort)
Widerspiegelung	Spiegelung
aufoktroyieren	oktroyieren

7 Überflüssige Eigenschaftswörter

Vermeiden Sie überflüssige Eigenschaftswörter!

Notwendig sind Eigenschaftswörter, wenn der Satzsinn verlorengeht, sobald man sie wegläßt. Beispiel:

Aus steuerlichen Gründen können wir unseren Zuschuß zum Werksessen nicht erhöhen.

Unter den nicht notwendigen Eigenschaftswörtern unterscheiden wir schmückende (man braucht sie manchmal) und phrasenhafte Eigenschaftswörter (sie blähen nur auf). Beispiele:

herrliche Rosen	absolute Beherrschung
herzliche Grüße	gemachte Erfahrungen
lebendige Schilderung	echte Zusammenarbeit

8 Gedehnte Wendungen

Vermeiden Sie gedehnte Wendungen!

Wenn der Informationswert in ungünstigem Verhältnis zum Wortaufwand steht, haben Sie gedehnte Wendungen vor sich; sie sind oft durch ein einziges Wort ersetzbar. Beispiele:

Es dürfte Ihnen hinreichend bekannt sein, daß diese Maschine ziemlich störanfällig ist.	Bekanntlich ist diese Maschine ziemlich störanfällig.
Zu unserem größten Bedauern müssen wir Ihnen mitteilen, daß wir nicht in der Lage sind . . .	Leider können wir nicht . . .

Es ist klar, daß Sie sich nicht von heute auf morgen vollständig im Sinne dieser 8 Punkte umstellen können. Ebenso klar ist jedoch, daß Sie es innerhalb einer angemessenen Zeit tun können. Darum bitten wir Sie.

Wenn man mehr will . . .

Wenn man nicht nur kurz, sondern auch überzeugend formulieren will, muß man sich auf stetiges Weiterlernen einstellen. Die Überschrift dieses Buchteils heißt „Rationeller Stil". Was das in engem Sinne bedeutet, ist uns klar geworden. Aber in erweitertem Sinn?

Ob wir unserem Geschäftspartner einen langen oder einen kurzen Brief schreiben: entscheidend ist, daß wir mit ihm unser Ziel erreichen. Erreichen wir es nicht, so ist selbst ein kurzer und kostengünstig diktierter und geschriebener Brief unrationell.

Um auch in diesem erweiterten Sinn rationell zu korrespondieren, müssen wir in drei verschiedenen Richtungen weiterarbeiten. Diese drei Richtungen lassen sich als Aufgaben so ausdrücken:

Ansprechend und grammatisch richtig formulieren!
Den gemeinten Gedanken sprachlich genau treffen!
Sich in die Lage des Briefempfängers versetzen!

Ansprechend und grammatisch richtig formulieren!

Dazu gehört viel. Ich will versuchen, an einigen Beispielen deutlich zu machen, was damit gemeint ist.

Ich erlaube mir ...

Wie viele Briefe mögen schon mit dieser scheinbar höflichen Einleitung begonnen worden sein! Und man kann ein beliebiges Buch über Handelskorrespondenz aufschlagen, man wird fast mit Sicherheit finden, was man nicht finden sollte. Machen wir einen Versuch! „abc des kaufmännischen Schriftverkehrs", Seite 25: „Unser Herr Müller wird sich erlauben, Sie am kommenden Mittwoch zu besuchen." Dieser Satz ist wenigstens im übrigen ordentlich und phrasenlos. Aber wie oft liest man: „Wir erlauben uns, Ihnen hierdurch mitzuteilen, daß ..."

Überlegen Sie einmal! Würde ein Herr in Gesellschaft einer Dame sagen: „Ich erlaube mir zu rauchen"? Wohl kaum. In der Gesellschaft dieser Dame wäre der Herr damit vielleicht zum letzten Mal gewesen. Denn was sich der Geschäftskorrespondent noch als Höflichkeit anrechnet, dürfte die Dame ihrem Verehrer als Ungezogenheit auslegen. Natürlich würde der Herr in Wirklichkeit etwas anderes sagen, nämlich etwa: „Erlauben Sie bitte, daß ich rauche?" Oder: „Erlauben Sie mir bitte zu rauchen?" Oder: „Darf ich rauchen?"

Man sollte weder im Umgang mit Freunden und Bekannten noch im Umgang mit seinen Geschäftspartnern sich selbst etwas erlauben, und wenn man es tut, sollte man bestimmt nicht davon sprechen, es womöglich noch betonen. Das kann höchstens der Rechtsanwalt vor Gericht machen, indem er, zur Gegenpartei gewandt, sagt: „Ich werde mir erlauben, diese Angaben zu prüfen." Wir dagegen versuchen lieber, unsere Partner dazu zu bewegen, daß *sie* uns erlauben, was *wir* uns gern erlauben würden.

Um den Standardsatz „Wir erlauben uns, Ihnen hierdurch mitzuteilen, daß ...“ wieder aufzugreifen: Der ganze Schmus von „Wir“ bis „daß“ ist keinen Pfifferling wert. Teilen wir mit und Schluß: „Die Ware wird übermorgen abgeschickt.“ — „Ihrem Vorschlag stimmen wir zu.“ — „Die Zollfrage ist noch nicht geklärt.“ Die übliche Hinweiszeile über dem Brieftext gibt das Thema an, der erste Satz darf, ohne Drehen und Deuteln, die erste Tatsache ausdrücken. Ist aber einmal eine Umschreibung, eine Einkleidung, angebracht, dann jedenfalls: „Erlauben Sie mir bitte, daß ich heute noch einmal auf unsere Besprechung vom 3. Februar zurückkomme.“

In der Anlage finden Sie ...

Ob Sie sich um eine Stellung bewerben oder für Ihren Arbeitgeber einen Brief schreiben: ohne Anlagen geht es selten ab. Mit diesen Anlagen aber wird man sachlich viel besser fertig als sprachlich; sie sind immer wieder Gegenstand von Auseinandersetzungen, zwischen Korrespondenten und Typistinnen, zwischen Unterschriftsberechtigten und ihren Korrespondenten. Ja, man kann beobachten, daß ausgesprochen großzügige Leute kleinlich und sogar spitzfindig werden, sobald es um jene unschuldigen Dinge geht, die mit einem Brief verschickt zu werden pflegen.

„In der Anlage übersenden wir Ihnen unsere Rechnung“: Wer das schreibt, kann ebensogut Glück wie Pech haben, je nachdem, ob sein Chef zu den Freunden oder Feinden dieser Wendung zählt. Leute, die zu nüchterner Ausdrucksweise neigen, behaupten entweder, was man mitschicken wolle, befinde sich doch nicht in der Anlage wie in einem Briefumschlag, sondern es sei die Anlage selbst, oder sie fragen, ob der Schreiber etwa meine, daß etwas im Garten zu finden sei, denn unter „Anlage“ verstehe man ein Gartengelände. Andere Leute, meistens solche, die viel lesen, wissen, daß „in“ doppeldeutig ist. Sage ich, in der Tasche sei Geld, so mag jemand, der nicht richtig zugehört hat, fragen: „Wo ist Geld?“, und er bekommt zweifellos eine Raumangabe als Antwort. Vertraue ich dagegen jemandem an, daß ich in meinem Bruder einen guten Berater habe, so ist ihm klar, daß ich meinen Bruder als guten Berater habe, daß mein Bruder ein guter Berater ist, daß also „in“ die Identität des Bruders und des guten Beraters feststellt. Ebenso werden in dem Satz „In der Anlage finden Sie unsere Rechnung“ die Anlage und die Rechnung gleichgesetzt.

Da man oft nicht weiß, welcher der beiden Parteien der Chef und der Empfänger unseres Briefes angehören, ist zu überlegen, ob man auf die zweischneidige Wendung nicht von vornherein verzichten sollte. Die Tatsache, daß es Menschen gibt, die, berechtigt oder unberechtigt, „in der Anlage“ nichts finden wollen, ist genügend Grund, nicht in ihr spazierenzugehen. Wenn „in der Anlage“ dasselbe ausdrückt wie „als Anlage“: warum dann nicht gleich „als Anlage“ schreiben?

Allerdings gefällt auch „als Anlage“ vielen nicht, und wir fragen uns deshalb, welche Möglichkeiten wir sonst noch haben, uns verständlich zu machen. Vielleicht: „Anliegend übersenden wir Ihnen unsere Rechnung“? Damit geraten wir vom Regen in die Traufe. Deshalb, weil satzwertige Mittelwörter deutlich auf das Satzglied bezogen sein müssen, zu dem sie gehören sollen. Bei der zitierten Wendung weiß zwar jeder, was gemeint ist, aber streng genommen bezieht sich „anliegend“ hier nicht auf „Rechnung“, sondern auf „wir“, wie in dem Satz „Pfeifend schlenderten wir die Straße hinunter“. Die sprachliche Situation wird auch nicht dadurch verbessert, daß man statt „anliegend“ etwa „beigefügt“, statt des Mittelworts der Gegenwart das der Vergangenheit wählt. Die Beziehung bleibt verdächtig. Ganz übel ist: „Beifolgend übersenden wir Ihnen unsere Rechnung.“ Erstens, weil auch hier das Mittelwort und der Satzgegenstand unerlaubt in Verbindung stehen. Zweitens, weil eine Rechnung nicht zugleich dabei sein und folgen kann; eins schließt das andere aus.

Was tun? Einige Lehrbücher für Handelskorrespondenz empfehlen „anbei“. Es sei kurz, eindeutig, korrekt. Ich bin anderer Meinung. Es gibt das Wort „an“; ich lege meine Zeugnisse an meinen Bewerbungsbrief, oder ich hefte sie an ihn. Und es gibt das Wort „bei“; ich lege oder füge meinem Bewerbungsbrief Zeugnisse bei. Aber „anbei“? Da werden zwei Verhältniswörter zusammengeschweißt, die in diesem Zusammenhang ungefähr dasselbe sagen. Warum schreiben wir dann nicht auch „nunjetzt" oder „wegab" oder „abweg"? Abwege sind das wirklich.

Und nun? Versuchen wir doch einmal, ganz ohne die kaufmännischen Wendungen auszukommen: „Mit diesem Brief übersenden wir Ihnen unsere Rechnung." — „Hiermit schicken wir Ihnen die neuen Anzeigenentwürfe." — „Und hier ist die gewünschte Übersetzung." — „Eine Kopie unseres Antwortbriefes auf diese Anfrage fügen wir bei." Ein bißchen aufpassen müssen Sie bei „hiermit". Schreiben Sie nicht: „Zeugnisse und Arbeitsproben füge ich hiermit bei." Denn das wäre ein weißer Schimmel. Entweder man fügt bei oder schickt hiermit, mit diesem Brief. Hiermit beigefügte Unterlagen reisen mit Überfracht. Entlasten wir sie!

Häßlich bzw. überflüssig

Das Wort *beziehungsweise* wird gewöhnlich abgekürzt benutzt; das mag an seinem häßlichen Gesicht liegen, welches es ihm geraten erscheinen läßt, im Verborgenen zu wirken, durch das unauffällige *bzw.*, in der Form von drei Buchstaben an der Stelle von fünfzehn. Bitte beachten Sie, daß die Abkürzung *bezw.* falsch ist; das *e* muß weg, damit wenigstens den Vorschriften Genüge getan ist. Auch *bez.* ist nicht erlaubt.

Die Abkürzung *bzw.* hat sich derart in unserer Schriftsprache festgesetzt, daß viele Leute gar nicht mehr wissen, wofür sie eigentlich steht. Heißt *bzw.* vielleicht *bezwecks* oder *beziehentlich* oder *beziehungswegen?* Nicht lachen, man hat schon Meinungen gehört, die noch entfernter neben dem Ziel lagen. Daß *bzw.* trotzdem munter umherspaziert, zeigt gut, wie wenig man sich darunter vorstellt.

Nähme man es mit dem, was man schreibt, genau, man merkte schnell, daß *bzw.* mehrdeutig ist:

Ich fahre nach Hause bzw. ins Hotel.

Dies kann bedeuten: Ich fahre nach Hause, das heißt gegenwärtig, ins Hotel. Es kann aber auch heißen: Ich fahre nach Hause o d e r ins Hotel. Ein anderes Beispiel:

Ich benutze die Straßenbahn bzw. den Bus.

Auch hier bieten sich mehrere Möglichkeiten des Verstehens an. Entweder der Informierende nimmt die Straßenbahn o d e r den Bus (er weiß es noch nicht genau), oder er nimmt die Straßenbahn u n d den Bus: eine Teilstrecke fährt er mit diesem, eine mit jenem Verkehrsmittel.

Nur in einem Fall drückt *bzw.* das aus, was gesagt werden soll:

Karl und Fritz bekommen fünf bzw. sechs Mark.

Es werden einander zwei Paare gegenübergestellt (Karl, Fritz — fünf, sechs), und jedes Glied des ersten Paares bezieht sich auf das in der Reihenfolge an der gleichen Stelle stehende Glied des zweiten Paares. Kompliziert, nicht wahr? Selbst dieser Fall, in dem *bzw.* eindeutig ist, kann das Ansehen des Wortes nicht aufwerten, denn es klingt angenehmer und auch klarer, wenn man sagt:

Karl bekommt fünf, Fritz sechs Mark.

Zum Abgewöhnen ein besonders überzeugendes Beispiel:

Allerdings sind wir an einer getrennten statistischen Erfassung beider Produkte interessiert und bitten Sie daher, darauf zu achten, daß im Auftrag bezw. Rechnung die 7. Stelle der Hollerithnummer für XY-Waschpulver mit gekennzeichnet wird.

Statt *bezw.* muß *und* stehen; *bezw.* ist sinnlos, es kann höchstens verwirren, weil es offen läßt, ob die 7. Stelle der Hollerithnummer in Auftrag u n d Rechnung oder in Auftrag o d e r Rechnung berücksichtigt werden soll.

Die Abkürzung *bezw.* ist außerdem, wie wir wissen, auch in der Form falsch; wenn schon *beziehungsweise* in abgekürzter Fassung, dann *bzw.*!

Die Wendung *im Auftrag bezw. Rechnung* birgt dazu einen grammatischen Fehler; *im* ist die Zusammenfassung von *in dem*;

in dem Rechnung kann man aber nicht sagen; also bleibt nichts anderes übrig, als sich zu zwei Wörtern mehr zu bequemen: *im Auftrag und in der Rechnung.*

Ich glaube, das reicht. Wer sich trotz alledem nicht von seinem treuen Begleiter bzw. Freund loszusagen wagt, muß sich den Verdacht gefallen lassen, daß er selbst nicht recht weiß, was er will, bzw. daß er seine wahren Gedanken verschleiern möchte.

Bem. betr. Abk.

Reicht man manchen Leuten den kleinen Finger, so ergreifen sie bekanntlich die ganze Hand. Der kleine Finger ist in diesem Fall die Erlaubnis, hin und wieder etwas abzukürzen; die ganze Hand ist der daraus entstandene Abkürzungsfimmel.

Gleichermaßen bekannt und erlaubt sind Abkürzungen wie: d. h. = das heißt; d. i. = das ist; usw. = und so weiter; u. a. = unter anderem; u. ä. = und ähnliches; i. A. = im Auftrag; i. V. = in Vertretung; z. B. = zum Beispiel; z. Hdn. = zu Händen; Prof. = Professor; Dr. = Doktor; Dipl.-Ing. = Diplomingenieur.

Was darüber hinausgeht, sollten Sie vermeiden, besonders die beliebten Abkürzungen: ausschl., bes., desgl., einschl., lt., m. E., s. Zt., sog., u. E., u. U., u. W., u. zw., z. T.

Wer zu viele Abkürzungen benutzt, verschandelt seinen Stil, selbst dann, wenn seinen Lesern die Abkürzungen geläufig sind. Hier findet das Streben nach Kürze eine Grenze, denn gerade in Geschäftsbriefen und Werbedrucksachen müssen wir einen Ton treffen, der dem gesprochenen, also klingenden Wort nahekommt. Der Empfänger unserer Briefe soll sich als Mensch, nicht als Nummer oder Faktor angesprochen fühlen. Daß er nur eine berechenbare Größe im Spiel von Angebot und Nachfrage ist, diesen Eindruck erwecken bei ihm jene toten, übersachlich und kalt aussehenden Abkürzungen. Sie schaden uns. Von Nutzen sein können sie nur dort, wo es an Platz mangelt oder wo Platz Geld kostet, in Tabellen, Randnotizen, schnell zu übermittelnden Nachrichten und gelegentlich in Anzeigen.

Neben den Abkürzungen kennen wir Kurzworte. Sie unterscheiden sich dadurch von den Abkürzungen, daß man sie spricht, wie man sie schreibt, und aus diesem Grund fallen bei ihnen die sonst üblichen Abkürzungspunkte weg. Viel benutzt werden: AG = Aktiengesellschaft; GmbH = Gesellschaft mit beschränkter Haftung; OHG = offene Handelsgesellschaft. Zu dieser Gruppe gehören auch die Kurznamen von Organisationen wie: CDU = Christlich-Demokratische Union; SPD = Sozialdemokratische Partei Deutschlands; EKD = Evangelische Kirche in Deutschland; DRK = Deutsches Rotes Kreuz; OEEC = Organisation of European Economic Cooperation; UNO = United Nations Organization; ferner Kurznamen großer Firmen wie: AEG = Allgemeine Elektrizitäts-Gesellschaft; AF = Air France; AOA = American Overseas Airlines; BMW = Bayrische Motorenwerke AG; ferner feststehende Begriffe wie: NNO = Nordnordost; DBP = Deutsches Bundespatent; DAB = Deutsches Arzneibuch.

Und noch etwas anderes sind die Normzeichen, die in der Regel ebenfalls ohne Punkt stehen, zum Beispiel: DM = Deutsche Mark; m = Meter; at = Atmosphäre; atü = Atmosphärenüberdruck. Besonders merken müssen Sie sich: Sekunde = s (nicht: Sek., sek., sec.); min = Minute (nicht: Min., min. = minimal); g = Gramm (nicht gr); l = Liter (nicht: Ltr., ltr.).

Da die Technik nicht mit unklaren, mehrdeutigen, mißverständlichen Begriffen arbeiten kann, hat das Deutsche Institut für Normung e.V. auch viele Wörter genormt, das heißt, zur Bezeichnung einer bestimmten Sache darf in der Fachliteratur nur eine ganz bestimmte Vokabel verwandt werden, und wer im Bereich der Technik tätig ist, sollte sich danach richten. Beispiel: Der Durchmesser wird durch das Wort „Dicke" bezeichnet; das früher dafür gebräuchlich gewesene Wort „Stärke" ist nicht mehr zulässig.

Solche Vorschriften werden nicht willkürlich und aus bloßer Kürzelsucht getroffen, sondern sie haben sich als notwendig erwiesen. Wenn es für Ihr Arbeitsgebiet DIN-Vorschriften gibt, so informieren Sie sich bitte. Es geht nicht an, daß die Firma, in der Sie arbeiten, in ihren Briefen und Veröffentlichungen die Gegenstände ihres eigenen Fachgebiets einmal so und einmal so benennt oder die Wörter dafür unterschiedlich schreibt, womöglich in ein und demselben Prospekt.

Halten Sie sich von unnötigen Abkürzungen so weit wie möglich fern. Benutzen Sie aber jene Normzeichen, die für Ihr Fachgebiet vorgeschrieben sind. Und benutzen Sie sie richtig.

Und nun möchten Sie wahrscheinlich gern noch erfahren, was die Überschrift dieses Abschnittes bedeuten soll. „Bem. betr. Abk." heißt „Bemerkungen betreffs Abkürzungen". Ist das nicht scheußlich?

Vermittelst Schwulst

Wenn seitens der Betriebsleitung angesichts der harten Konkurrenz zwecks Steigerung der Leistung vermittelst eines sog. Vorschlagswesens Anstrengungen zur Aktivierung der Mitarbeiter unternommen werden, so fragt sich mancher, einschließlich leitender Herren, ob er nicht vermöge seiner Intelligenz und Erfahrung behufs zusätzlicher Füllung seines Geldbeutels mangels sonstiger Gelegenheit hinsichtlich dieser Chance tätig werden bzw. zumindest diesbezügliche Maßnahmen in Erwägung ziehen soll. Wo sind die schönen kleinen Verhältniswörter geblieben: von, bei, zu, durch, mit, in, auf, an, unter, vor?

„Diese Farbstoffklasse ermöglicht ein einfaches Arbeiten und liefert Färbungen mit ausgezeichneten Echtheitseigenschaften besonders hinsichtlich der Dekaturechtheit." Nicht genug damit, daß man eine Abneigung gegen die nützlichen kleinen Verhältniswörter unserer Umgangssprache und eine Vorliebe für jene aufgeblasenen, schwerfälligen Wortgebilde hat: man benutzt diese unentbehrlichen Zubehörteile einer gepflegten Bürokratie auch noch am falschen Platz. Was war in unserem Beispielsatz gemeint? Daß Färbungen, die mit Farbstoffen dieser Klasse hergestellt werden, ausgezeichnete Echtheiten haben, vor allem eine gute Dekaturechtheit. Was wurde ausgedrückt? Daß die von dieser Farbstoffklasse gelieferten Echtheitseigenschaften besonders hinsichtlich der Dekaturechtheit ausgezeichnet sind. Es lebe die Dekaturechtheit der Echtheitseigenschaften! Das kommt davon, wenn man sich bei „in, auf, über, unter, vor" und „zwischen" nichts denken kann und die „hinsichtlich, bezüglich" und „betreffs", bei denen man sich auch nichts denken kann, für Universalmittel hält.

Wir wollen gar nicht puritanisch sein. Jedes dieser Neuwörter mag sich hier oder da nützlich machen oder sogar einen besonderen Sachverhalt, eine besondere Situation treffend kennzeichnen. Begegnet man ihnen aber, wo man geht und steht, so darf man sicher sein, daß die geistigen Ergüsse, in denen sie so reichlich ausgestreut liegen, viel Geschwätz und wenig gedankliche Substanz enthalten.

Die Verhältniswörter lassen sich mit Klebstoffen vergleichen, welche die verschiedensten Gegenstände in den verschiedensten Lagen zueinander zusammenhalten. Fehlen sie, so purzelt alles durcheinander, sind sie von geringer Qualität, so stellen sich falsche Winkel, Verschiebungen und Verrutschungen ein. Aus dem Bild, das man mit seinen Worten malen will, wird ein Zerrbild. Und wer es sieht, hat Mühe, zu entziffern, was es im einzelnen darstellen soll. Achten Sie auf Ihre Verhältniswörter! Schaffen Sie klare Verhältnisse!

Bezahlen wir billige Preise?

Die billigen Preise und die billigen Waren bereiten uns oft Ärger. Ursprünglich hat „billig" einmal so viel wie „angemessen" und „gerecht" bedeutet. Mit billigen Preisen waren also angemessene, gerechte Preise gemeint, Preise, die man ohne Bedenken anerkennen darf. Erhalten hat sich diese Bedeutung in den Wendungen: „Das ist nicht mehr als recht und billig." — „Das kann man ihm billigerweise nicht verübeln." Daneben aber hat sich für „billig" der Sinn von „wenig kostend" eingeschlichen, breiter und breiter gemacht und schließlich die alte Bedeutung fast ganz verdrängt. So kommt es, daß man heute „billige Preise" als falsch und „billige Waren" als richtig empfindet. Vertreten kann man, je nachdem, welchen Wortsinn man zugrunde legt, dieses und jenes. Die Frage ist nur: Wofür soll man sich bei so verwirrenden Verhältnissen entscheiden?

„Billige Ware", das ist zwar heute dem Wortsinn nach die üblichere Wendung, aber sie hat den Nachteil des Beigeschmacks von billigem Zeug, womit wertloses, minderwertiges Zeug gemeint ist. Deshalb rate ich ab. Schreiben Sie: gute, preiswerte Ware, oder: Ware zu niedrigem Preis.

„Billige Preise“, das ist einmal üblich gewesen und stets richtig verstanden worden, nämlich im Sinne von „gerechte Preise“. Aber jetzt trifft dies nicht mehr zu. Daher müssen wir darauf verzichten und statt dessen von günstigen, niedrigen, vorteilhaften, mäßigen, erschwinglichen Preisen sprechen.

Und wie ist es mit dem Geld? Bezahlt man die Preise oder bezahlt man sie nicht? Man bezahlt sie nicht, denn man zahlt sie. Ebenso bezahlt man keine Summe, kein Geld, keinen Betrag, man zahlt.

„Bezahlen“ kann man nur Waren oder Leistungen. Also: „Bitte legen Sie mir noch eine Ente zurück, ich lasse sie nachher von meinem Jungen abholen, bezahlen will ich sie aber gleich.“ — „Diesen Preis zahle ich nicht, das ist ja ein Wucherpreis.“ Bezahlen wir billige Preise? Nein, wir zahlen niedrige Preise, und wir bezahlen gute Waren mit gutem Geld.

Sie brauchen nicht zu verzagen

Wenn Sie abends, müde von der Arbeit, aber noch nicht todmüde, zwei Stunden in einem Sprachbuch gelesen haben, werden Sie sich vielleicht fragen: „Lohnt sich das überhaupt? Die deutsche Sprache ist ja eine schwierige, nein: ist ja so schwierig, daß man trotz fleißigen Lernens doch wieder und wieder in Zweifel gerät. Man weiß gar nicht, wo man eigentlich beginnen soll, und wann dieses Studium erfolgreich beendet sein mag, ist auch nicht abzusehen.“

Sie haben ganz recht, man lernt dabei sein Leben lang nicht aus. Aber muß man denn? Wenn Sie das meinen, tun Sie es, weil Sie dummen Werbetexten auf den Leim gekrochen sind. In Hunderten von Stellenanzeigen werden perfekte Beherrscher der deutschen Sprache gesucht, und in ebenfalls zahlreichen Anzeigen und Prospekten werden Sie zur Teilnahme an Kursen aufgefordert, die mit Sicherheit solche perfekten Beherrscher der deutschen Sprache aus Ihnen machen. Wer so etwas schreibt, beweist damit nicht sein Können, sondern seine Ahnungslosigkeit. Lassen Sie sich nicht einschüchtern und entmutigen. Ein Sprachgenie wie Karl Kraus hat über die Sprache geschrieben:

„Den Rätseln ihrer Regeln, den Plänen ihrer Gefahren nahezukommen, ist ein besserer Wahn als der, sie beherrschen zu können. Abgründe dort sehen zu lehren, wo Gemeinplätze sind —“ Und: „Geistig beschäftigt sein — mehr durch die Sprache gewährt als von allen Wissenschaften, die sich ihrer bedienen — ist jene Erschwerung des Lebens, die andere Lasten erleichtert. Lohnend durch das Nichtzuendekommen an einer Unendlichkeit, die jeder hat und zu der keinem der Zugang verwehrt ist.“

Sie brauchen nicht zu verzagen, und Sie dürfen immerhin dessen gewiß sein, daß Ihr Bemühen Ihnen bald die Fähigkeit eintragen wird, mit den „gebräuchlichen“ Grammatik- und Stilfehlern leicht und sicher fertig zu werden. Sie brauchen nicht zu verzagen: Brauchen Sie auch nicht verzagen? Hier haben Sie eine weit und breit bekannte, berüchtigte Klippe vor sich, die dennoch, trotz vieler Warnungen, fortfährt, ihre Opfer zu fordern. Selbst Leute, die den Felsen beim Schreiben vorsichtig und gewissenhaft umschiffen, laufen beim Sprechen oft genug auf. Und in empfindlichen Ohren klingt es grausam, so ähnlich wie die Verwechslung von „mir“ und „mich“. Schon deshalb ist es der Mühe wert, die kleine Unart abzulegen. Wenige Monate stiller Selbstermahnung genügen, die schlechte Angewohnheit des „Ich brauche keine Fehler machen“ in die gute Gewohnheit „Ich brauche keine Fehler zu machen“ umzuwandeln.

Nur wo klangliche Gründe schwerer als die Regel wiegen, ist „Brauchen“ ohne „zu“ erlaubt oder sogar vorzuziehen, zum Beispiel, wo sich die „zu“ häufen oder wo die Wiedergabe eines Dialekts angestrebt wird. Sonst aber brauchen Sie nie zu zögern, „brauchen“ mit „zu“ zu gebrauchen.

Und schon haben wir ein zweites Problem berührt: den Unterschied zwischen „brauchen“ und „gebrauchen“. Ein Werbetexter schickt einen Artikel an eine Zeitschrift, in dem es heißt: „Was sollen denn junge Leute tun, deren Vorbilder und Vorgesetzte die Adjektiva wie das liebe Brot brauchen?“ Der Redakteur läßt den Text mit folgender Korrektur erscheinen: „Was sollen denn junge Leute tun, deren Vorbilder und Vorgesetzte die Adjektiva wie das liebe Brot gebrauchen?“ Was hat er gemacht? Aus Sinn Unsinn. Das ursprünglich geschriebene „brauchen“ heißt „nötig haben“ und trifft genau, was getroffen werden sollte; das hineinkorrigierte „gebrauchen“ heißt „anwenden, verwenden, benutzen“ und ergibt einen Gedanken, der nicht gedacht war, denn daß manche Leute die Eigenschaftswörter wie das liebe Brot anwenden: ich weiß nicht, was soll es bedeuten!

Auch einem bekannten Werbeschriftsteller leuchtet anscheinend nicht ein, daß eine so winzige Vorsilbe wie „ge“ die Bedeutung eines Wortes verändern kann. Daher schreibt er in einem seiner Bücher:

„Natürlich gebraucht dieser Prozeß Zeit, es kann zehn bis fünfzehn Jahre dauern, bis eine Generation soweit ist, daß sie mit Erfolg auf breiterer Basis antreten kann.“ Natürlich, selbstverständlich, man gebraucht nur zu bedenken, wieviel Zeit man gebraucht, bis man auf einer breiteren sprachlichen Basis antreten kann. Ich fürchte, Leute die die Sprache zu beherrschen glauben, gebrauchen zu viel Zeit dazu. Da sie immer nur kritisch, jedoch nie selbstkritisch sind, werden sie sich damit begnügen müssen, wie es in diesem Buch heißt: die Eigenschaften einer Zahnpasta zu begreifen und zu beherrschen.

Wir dagegen, die wir nicht mit dem Begreifen und Beherrschen der Eigenschaften von Zahnpasta und ähnlichem belastet sind, haben Muße, uns noch einmal, ein für allemal, klarzumachen: „brauchen“ bedeutet „nötig haben“, „gebrauchen“ aber „anwenden, verwenden, benutzen“.

Den gemeinten Gedanken sprachlich genau treffen!

Ein Brief kann deshalb unklar sein, weil man vor lauter Phrasen und Nebensächlichem den Kern der Gedanken gar nicht mehr erfaßt: man übersieht, worauf es dem Briefschreiber eigentlich ankommt.

Die Unklarheit kann aber auch Folge falscher Wortwahl oder Satzbildung sein. Wenn wir das treffende Wort verfehlen, so stiften wir vielleicht Verwirrung und erwecken einen Eindruck, den wir nicht erwecken wollen.

Unter einem treffenden Wort können wir uns zweierlei vorstellen. Einmal, in engem Sinn, ist sicherlich gemeint, daß ein Wort, das wir wählen, die Sache oder den Vorgang genau darstellen muß, die oder den wir ausdrücken wollen. Zum anderen, in weitem Sinn, trifft das Wort dann die Sache oder den Vorgang am besten, wenn es beide nicht nur genau, sondern darüber hinaus auch so überzeugend darstellt, daß der Informierende den beabsichtigten Zweck erreicht. Das erste Ziel ist ohne das zweite, das zweite allerdings nie ohne das erste erreichbar. Die erste Bemühung — Wort und Sache in Einklang zu bringen — ist also vorrangig einzustufen.

Ein einfaches Beispiel für den Einsatz eines falschen Wortes wäre die Verwechslung von „Air" und „Flair" (schlagen Sie bitte einmal nach!) oder von „Textverarbeitung" und „Textprogrammierung". Teils ungewollt, teils bewußt verschleiernd werden häufig die Wörter „grundsätzlich" und „praktisch" gebraucht.

Aber sprechen wir jetzt einmal nicht von groben Verwechslungen und Verschleierungen! Was halten Sie von der folgenden Formulierung:

Diese Zeiten sind auf die Gesamtdienstzeit anrechenbar.

Heißt der Satz, daß diese Zeiten auf die Gesamtdienstzeit angerechnet werden müssen oder dürfen? Es heißt „dürfen", gemeint war jedoch „müssen".

Ein anderer Fall:

Soweit es bei den einzelnen Typen möglich war, wurde diese Kombination bei der Rezepturausarbeitung verwendet. Dies bedingt eine vereinfachte Lagerhaltung.

Ist gemeint, daß dies eine vereinfachte Lagerhaltung zur Bedingung hat oder macht? Im Gegenteil! Der Satz soll keine Erschwerung anzeigen, was ja geschähe, wenn eine Bedingung gestellt würde: er soll vielmehr auf eine Erleichterung hinweisen. Leider aber klaffen Absicht und Wirkung auseinander, denn wo man „erlauben" meint, darf man nicht „bedingen" schreiben.

Das Wort „bedingen“ soll heute herhalten für: verpflichten, verlangen, fordern, verursachen, bewirken, mit sich bringen, erzeugen, herbeiführen, zur Folge haben, erlauben. Wie könnte das gelingen! Dazu erwartet man, daß es auch noch die eigentliche Bedeutung „zur Bedingung haben, zur Bedingung machen“ weiterhin vertritt. Und heraus kommt, daß schließlich niemand mehr weiß, was Ursache und was Wirkung ist.

Und ein letzter Fall zu diesem ergiebigen Thema:

> *Wenn man die Werbemittel und ihre Anwendung näher untersucht, so wird man feststellen, daß im Verhältnis zu Deutschland, Österreich oder der Schweiz wesentliche Unterschiede bestehen.*

Hier sind die Verhältnisse so undurchsichtig, daß man sich kaum einen Vers darauf machen kann.

Es hat zuerst den Anschein, als würden Deutschland, Österreich und die Schweiz auf der einen Seite zu einem vierten Land auf der anderen Seite in ein Verhältnis gesetzt. Dann fällt einem auf, daß der andere Partner gar nicht genannt ist (auch in der hier nicht zitierten Umgebung dieses Satzes nicht). Haben wir den Autor nicht richtig verstanden? Seien wir gutwillig, indem wir aus dem Falschen das Richtige herauslesen:

> *... daß Deutschland im Verhältnis zu Österreich und zur Schweiz wesentliche Unterschiede aufweist.*

Eine zweite Oberflächlichkeit haben wir gleich mit korrigiert; das schlecht treffende „oder“ ist einem „und“ gewichen.

Aber nun das Verhältnis! Soll denn beschrieben werden, wie sich einer zum anderen verhält, wie sein Verhältnis zu ihm ist? Nein. Vielmehr versucht man, mehrere Partner in einem bestimmten Punkt, nämlich hinsichtlich der Werbemittel und ihrer Anwendung, miteinander zu vergleichen. Liegen die Dinge überall ähnlich? Weichen die Bräuche und Praktiken voneinander ab? Unterscheiden sie sich vielleicht sogar wesentlich voneinander? Durch den Vergleich bekommen wir es heraus. Das Verhältnis platzt. Also:

Wenn man die Werbemittel und ihre Anwendung näher untersucht, so wird man feststellen, daß Deutschland im Vergleich zu Österreich und zur Schweiz wesentliche Unterschiede aufweist.

Damit haben wir zwar die Verwechslung des Verhältnisses mit dem Vergleich aufgehoben, aber sind wir jetzt mit dem Satz zufrieden? Wenn schludrig formuliert wird, lohnt es sich fast immer, auch den Sinn der Aussage zu prüfen. Schon auf den ersten Blick stört das „näher". Eine Untersuchung ist doch gewiß etwas Genaues, Gründliches; der Zusatz „näher" ist überflüssig. Weiter: „Wenn man die Werbemittel und ihre Anwendung untersucht, so wird man feststellen ..." Der folgenden Behauptung nach zu urteilen, hat der Autor die Lage untersucht. Wie könnte er sonst urteilen. Wenn aber seine Untersuchung schon abgeschlossen ist und er das Ergebnis mitteilt, entpuppt sich der wenn-Satz mit der angeschlossenen Prophezeiung als bloßer Zierat, als Muster ohne Wert. Wir wissen doch nun — soweit wir dem Autor trauen —, daß sich die einzelnen Länder in puncto Werbemittel und deren Anwendung wesentlich voneinander unterscheiden. Was soll der Ballast? Die Hälfte des Satzes ist Bluff. Warum nicht:

Hinsichtlich der Werbemittel und ihrer Anwendung zeigt Deutschland im Vergleich zu Österreich und zur Schweiz wesentliche Unterschiede.

Oder

In Deutschland werden die Werbemittel in mancher Hinsicht anders gestaltet und angewandt als in Österreich und in der Schweiz.

Ja, warum nicht? Weil das *Verhältnis* zur Sprache so locker ist, daß einem ein *Vergleich* der verschiedenen Ausdrucksmöglichkeiten gar nicht in den Sinn kommt?

Es mag manchem mühsam und unnötig erscheinen, einen einzigen Satz so Wort für Wort abzuklopfen, die Beziehungen einzelner Ausdrücke zueinander zu prüfen und ihn mehrfach umzuschreiben. Was kommt schließlich dabei heraus, zumal wenn der Satz, wie hier, keine Aufgabe darstellt, die man am eigenen Arbeitsplatz lösen muß, weil sie zur eigenen Tätigkeit gehört? Es kommt heraus, daß wir bei solcher Arbeit nicht nur einen schlechten Satz verbessern, sondern ganz allgemein unseren Blick schärfen und unser Ausdrucksvermögen erhöhen. Mühsam ist es, ja, aber unnötig nicht. Was wir an einem Beispiel lernen, kommt uns in jedem einzelnen Fall der Praxis zugute. Das treffende Wort zu finden ist keine Kleinigkeit.

Sich in die Lage des Briefempfängers versetzen!

Wir schreiben unrationell, wenn die technische Herstellung unseres Briefes zu aufwendig ist, wenn wir ihn zu lang formulieren und wenn wir uns unklar ausdrücken. Die letzte Forderung heißt jedoch: Wir müssen den Briefempfänger im Sinne unserer Absichten beeinflussen, und das wird uns nur gelingen, wenn wir uns in seine Lage versetzen, wenn wir auf seine Wünsche eingehen, wenn er das Gefühl gewinnt, daß wir für ihn ein guter Geschäftspartner sind. Zusammenfassen können wir all das auch in Horst B. Bunjes (†) Forderung „Forme seine Wünsche!"

Am stärksten ist dem Korrespondenten daran gelegen, die Wünsche des Briefempfängers zu formen, wenn er ein Angebot unterbreitet. Hier ein Beispiel aus einem Brieflexikon:

„Wunschgemäß übersenden wir Ihnen hiermit eine Preisliste unserer besten Stoffe. Die beigefügten Proben werden Sie überzeugen, daß es sich um Waren hervorragender Güte handelt.
Wie Sie ersehen, beträgt unser Preis für die Proben I—IX 30 DM pro Meter. Wir berechnen keine Fracht, auch keine Verpackung.
Ihre besondere Aufmerksamkeit lenken wir auf unsere äußerst günstige Preisbemessung. Wir glauben nicht, daß irgendeine andere Firma Ihnen günstigere Bedingungen stellen kann.
Für unsere Lieferungen gelten unsere Geschäftsbedingungen, von denen wir einen Abdruck mit der Bitte um Kenntnisnahme diesem Schreiben anheften."

Wenn wir diesen Mitteilungen glauben wollen, so hat der Absender ein gutes Angebot zu machen. Deutlich ist auch: Er bemüht sich, sein Angebot flüssig vorzutragen. Dennoch . . .

Von Kleinigkeiten abgesehen (nicht die Proben kosten 30 DM/m), ist gegen die beiden ersten Absätze nichts einzuwenden. Im dritten Absatz klingt der erste Satz zwar schon ein bißchen aufwendig, aber der Inhalt erscheint immerhin erfreulich. Erfreulich ist im gedanklichen Kern auch der zweite Satz dieses Absatzes, nur trägt dieser gedankliche Kern ein Kleid, das die angenehme Seite der Sache kaum noch erkennen läßt. „Wir glauben nicht, daß irgendeine andere Firma Ihnen günstigere Bedingungen stellen kann." Das hört sich nicht nach Leistung an, sondern nach Ultimatum. Die „Bedingungen" haben sich auf dem Wege der kaufmännischen Ausbildung und beim Studium von Brieflexika so in den Köpfen der Lernenden festgesetzt, daß sie den Sinn des Wortes offenbar überhaupt nicht mehr erfassen.

Wer etwas verkaufen will, hat dem möglichen Käufer keine Bedingungen zu stellen. Er wahrt seine Rechte vollauf, wenn er mit dem Partner einen Vertrag schließt, wenn er eine bestimmte Art der Geschäftsabwicklung mit ihm vereinbart. Wie können wir jemandem, der nach einer Ware gefragt hat, den Bezug dieser Ware wünschenswert erscheinen lassen, wenn wir ihm mit Bedingungen kommen! Bedingungen sind einseitig, Vereinbarungen zweiseitig. „Bedingungen" heißt: Sag ja, oder es gibt nichts! „Vereinbarungen" heißt: Wir können darüber reden.

In unserem Beispielfall lagen dem Schreiber die Bedingungen so sehr am Herzen, daß er sich selbst in seinem Schlußsatz nicht von ihnen trennen mochte: „Für unsere Lieferungen gelten unsere Geschäftsbedingungen, von denen wir einen Abdruck mit der Bitte um Kenntnisnahme diesem Schreiben anheften." Mit der Bitte um Kenntnisnahme von Geschäftsbedingungen entläßt der Korrespondent jemanden aus seinem Brief, der sich für das Warenangebot seiner Firma interessiert. Ist das nicht geradezu ein psychologischer Kunstfehler?

Bei der Regel „Forme seine Wünsche!" denkt man wahrscheinlich immer zuerst und vielleicht nur an Briefe, die verkaufen sollen. Daß diese Sicht zu eng ist, beweist der folgende Brief aus einem Handbuch des kaufmännischen Briefstils:

„Sehr geehrter Herr!

Es wäre mir sehr damit gedient, wenn Sie die Güte haben wollten, den Betrag meiner Bücherrechnung vom 2. v. M.

DM 48,—

an einem der nächsten Tage auf mein Postscheckkonto Hamburg 623 75 zu überweisen.

Im voraus verbindlichsten Dank."

Natürlich wäre ihm sehr damit gedient, wenn sein Schuldner die Güte haben wollte (ist das zynisch gemeint?), den Schuldbetrag zu überweisen. Aber was sagt sich daraufhin der Empfänger? Daß ihm selbst viel mehr damit gedient ist, wenn er das Geld noch eine Weile behalten kann.

„Wie soll man es denn in einer solchen Situation anstellen", werden Sie fragen, „die Wünsche des Briefpartners so zu formen, daß sie mit den eigenen Wünschen übereinstimmen? Das geht doch wohl überhaupt nicht." Zugegeben, in einem Mahnbrief ist es schwer. Aber möglich ist es oft trotzdem.

Versuchen wir uns zunächst einmal an unserem ersten Beispielfall! Was hat der Schreiber falsch gemacht? Er hat mit „Bedingungen" aufgehört, während er die Wünsche des Partners im Sinne seiner Firma hätte formen sollen.

Was halten Sie im Vergleich dazu von dieser Fassung:

Hier sind Preisliste und Proben unserer besten Stoffe! Bitte prüfen Sie die Qualitäten so kritisch wie möglich. Und dann stellen Sie dem Ergebnis unseren Meterpreis von 30 DM für die Stoffe I bis IX gegenüber. Die Fracht- und Verpackungskosten tragen wir selbst.

Welche Vereinbarungen wir mit unseren Kunden zu treffen pflegen, ersehen Sie aus dem beigefügten Text. Wenn nicht schriftlich etwas anderes festgelegt wird, gelten die darin genannten Punkte.

Bei all Ihrer Geschäftserfahrung: Glauben Sie, daß Ihnen heute jemand ein günstigeres Angebot machen kann?

Und nun zu unserem schwierigen Mahnbrief: Wie können wir auch in einem Mahnbrief das Interesse des Empfängers ansprechen? Ein Vorschlag:

Haben sich die Bücher, die ich Ihnen am 2. Mai lieferte, schon als nützlich erwiesen? Oder sind Sie vielleicht noch gar nicht dazu gekommen, darin zu lesen? Dann sehen Sie doch am besten gleich heute abend einmal hinein. Und wenn Sie das Gefühl haben, daß Ihre Wahl gut gewesen ist — sie war es bestimmt —, so werden Sie doppelt leichten Herzens die 48 DM meiner Rechnung vom 6. Mai in den nächsten Tagen überweisen. Im voraus vielen Dank.

In diesem Brief wird der Schuldner nicht sofort mit dem Hinweis auf seine Schuld überfallen. Vielmehr ruft ihm der Korrespondent in Erinnerung, daß er sich durch seine gute Bücherwahl einen Nutzen verschafft hat. Mit dem Gedanken an den eigenen Nutzen überweist man lieber als mit dem Gedanken an eine Mahnung, über die man sich ärgert.

Welchen Wunsch hat ein Schuldner, wenn die Mahnprozedur schon weit fortgeschritten ist? Wer einmal in einer derartigen Lage gewesen ist, weiß es: Er möchte nicht mehr an die Schulden denken müssen, möchte sie los sein, möchte die leidige Sache hinter sich bringen. Wenn Sie sich in die Situation des Partners versetzen, gelingt es Ihnen auch, wo es vertretbar ist, ihm Brükken zu bauen und sich selbst — einen Kunden zu erhalten.

„Forme seine Wünsche!“ ist eine Schlüsselregel. Immer wenn Sie eine der übrigen Regeln beachten, tun Sie zugleich etwas im Sinne der Regel „Forme seine Wünsche!“. Denn darauf kommt es uns ja in den meisten unserer Briefe an: die bewußten und unbewußten, die ausgesprochenen und unausgesprochenen Wünsche unserer Briefpartner mit unseren eigenen Wünschen in Einklang zu bringen. Das erreichen heißt: Erfolg haben*.

* W. Manekeller: „Regeln der Geschäftskorrespondenz“ (Stilistik, Grammatik, Zeichensetzung, Rechtschreibung, Schreibregeln, Diktierregeln, Textbearbeitung, Textprogrammierung, Übungen, Briefbausteine, Musterbriefe), Hans Holzmann Verlag, Bad Wörishofen — „Persönliche Briefe im Geschäftsleben“ (333 Musterbriefe), verlag moderne industrie, Landsberg — „So schreibt der Verkaufsleiter an Kunden und Außendienstmitarbeiter“, Verlag Norbert Müller, München (nur über den Verlag beziehbar) — „Wie formuliert man im Büro?“, Duden-Taschenbuch 20, Bibliographisches Institut, Mannheim — „Der Textberater“, Loseblattwerk für die Rede- und Schreibpraxis, Rudolf Haufe Verlag, Freiburg — H. Kirst, W. Manekeller: „Moderne Korrespondenz“, Falken-Verlag, Niedernhausen — F. W. Manekeller, B. Hersfeld: „Das große Handbuch der Musterbriefe für Privat- und Geschäftskorrespondenz, mit Kommentaren und Stilvarianten“, verlag moderne industrie, Landsberg — „texten + schreiben“, Fachzeitschrift, Hans Holzmann Verlag, Bad Wörishofen.

III. Textprogrammierung

Grenzen der Stilschulung

Teil I dieses Buches hat gezeigt, was die Maschinenschreiberin — nach entsprechender Anweisung — tun kann, um viele Anschläge in unseren Briefen einzusparen. In Teil II ist dargestellt, mit welch ziemlich einfachen Mitteln der Korrespondent seine Brieftexte wesentlich kürzen und dabei zugleich klarer und verständlicher machen kann. Am Ende des Teils II waren wir dann auf erste stilistische und gedankliche Feinheiten gestoßen, einem sehr weiten Bereich zugehörig, der nicht jedem so ohne weiteres oder auch überhaupt zugänglich ist. Vieles kann man lernen, aber manches, was ausgeprägtes Sprachgefühl verlangt, läßt sich nicht erzwingen.

Außerdem: Um alle Korrespondenten, auch die sprachlich weniger Begabten und weniger Interessierten, mit Feinheiten vertraut zu machen, brauchte man Stilschulungsseminare als Dauereinrichtung. Das ist teuer und zeitraubend, also kaum durchführbar. Mit anderen Worten: „Meisterbriefe" werden immer nur wenige schreiben können.

Zum Glück gibt es fast in jedem Unternehmen, in jeder Abteilung den einen oder anderen, der gerade in dieser Richtung besonders gute Anlagen hat. Solche Mitarbeiter verdienen jede Hilfe, ihre Veranlagung zum Können zu führen, so viel aus sich herauszuholen wie möglich. Aber warum den, der aufgrund seiner Begabung schon eine Menge kann, noch fördern? Man ist ja mit ihm zufrieden.

Einmal sollte man diesen Mitarbeiter stets heranziehen, wenn es außergewöhnlich schwierige oder heikle Briefe zu diktieren gilt. Oft ist Korrespondieren ein Seiltanz. Man wandelt auf einem schmalen Grat, und jedes unbedachte Wort kann einen abstürzen lassen. Das mag ein reiner Geschäftsbrief sein, das mag jedoch auch ein Gratulations- oder Beileidsschreiben sein. Sogar erfahrene Korrespondenten — die Fähigkeit zur Selbstkritik vorausgesetzt — geraten ins Stottern und Grübeln, wenn sie im Namen des Unternehmens gratulieren oder kondolieren sollen. Die Mitarbeiter mit ausgeprägter Sprachbegabung können zudem als Auskunftsstelle für alle anderen fungieren. Immer wieder gibt es Zweifels- und häufig Streitfälle, die nach dem Rat eines Unparteiischen und zugleich Kundigen verlangen.

Zum andern jedoch — und das ist noch wichtiger — läßt sich die Formulierkunst eines Sprachbegabten und besonders Sprachinteressierten mit einer bestimmten Methode in einem gewissen Umfang auf die anderen übertragen. Das klingt zwar wie Zauberei, ist aber alles andere als das.

Die Grundlage ist einfach

Es findet sich kaum ein Korrespondent, und sicherlich kein aufgeweckter, dem nicht eines Tages auffällt, daß sich in seinem Arbeitsbereich viele Sachverhalte und damit auch entsprechende Brieftexte wiederholen. Soweit es schwierige Texte sind, Texte, die genau überlegte, fein abgewogene Formulierungen enthalten, wird er sich sagen: Davon hebe ich mir einen Durchschlag griffbereit in meinem Schreibtisch auf. Wenn der Fall erneut vorkommt, erleichtert mir dieser Durchschlag das Diktieren erheblich. Ich spare Zeit, und ich weiß, daß mein Text richtig, daß er treffend, daß er gut ist. Selbst wenn der neue Fall ein bißchen anders gelagert ist als der frühere: der alte Brief kann mir zumindest als Wegweiser dienen.

So haben sich viele Korrespondenten ganze Mustermappen angelegt und auf die Weise bei geringerem Arbeitsaufwand ihre Leistung deutlich gesteigert. Das war der Anfang der Textprogrammierung. Und das Beispiel beweist: Mehr Leistung muß keinesfalls immer mehr Anstrengung bedeuten.

Der Weg zur Systematik

1955 verfolgte auch ich die Arbeitsweise, Durchschläge schwieriger Briefe aufzuheben, um daraus in Wiederholungsfällen einzelne Sätze oder Absätze erneut zu verwenden. Als jungem Verkaufssachbearbeiter in einem Großunternehmen war mir das eine gute Hilfe.

1959 ging ich einen Schritt weiter. Ich hatte die Werbekorrespondenz für ein Fernlehrinstitut zu führen. Auf Inserate kamen viele Anfragen, und von meinen ausführlichen, genauen und psychologisch richtigen Antwortbriefen hing es ab, ob jemand einen Kursus belegte.

Die Arbeit machte mir Spaß, ich diktierte unermüdlich. Unermüdlich? Nach einer Woche fühlte ich meinen Eifer erlahmen, zumal ich die Arbeitsmenge trotz aller Anstrengung manchmal kaum zu schaffen vermochte. Zum Glück stellte ich fest, daß sich die meisten Fragen der Kursusinteressenten wiederholten. Es waren zwar sehr viele Fragen, aber immerhin, sie wiederholten sich.

Ich überarbeitete meine schon häufig diktierten Texte, um sie ganz ausgewogen zu machen, und stellte sie, mit Kennziffern versehen, sinnvoll zusammen. Das ermöglichte es mir, schneller und besser zu diktieren. Ich benutzte zum großen Teil die Kennziffern und fügte dazwischen nach Belieben Zusatztexte ein. Auch meine Schreibkraft hatte dadurch eine Erleichterung, denn die programmierten Texte konnte sie abschreiben, und Abschreiben ist immer einfacher als Stenogrammentzifferung.

1965 lernte ich Horst Bernhard Bunje kennen.

Sein Ziel: Reform der Korrespondenzgestaltung und der Korrespondenzabwicklung. Dabei spielte schon bald auch ein Verfahren eine große Rolle, das er „Textprogrammierung“ nannte, eben das schon erwähnte Kennzifferndiktat im voraus formulierter Texte. Es ist Horst Bernhard Bunjes Verdienst, dieses Verfahren systematisiert, propagiert und eingeführt zu haben.

Was das bedeutet, ist heute kaum noch richtig zu würdigen. Denn damals: was hatte er schon zu bieten? Er mußte seine Interessenten allein durch seine Idee, durch Argumente, durch seine Persönlichkeit überzeugen. Vorbilder — außer den schon erwähnten verstreuten Ansätzen — gab es nicht.

Auch heute noch ist es oft nicht leicht, skeptische Verhandlungspartner vom Wert der Textprogrammierung zu überzeugen. Aber wir haben die Möglichkeit, auf zahlreiche Beispiele der Verwirklichung hinzuweisen. Man kann sich die programmierten Texte in Texthandbüchern ansehen, und man kann mit kritischen Augen die Verarbeitung dieser Programmtexte prüfen. Der Augenschein und die Kostengegenüberstellung zwischen alter und neuer Arbeitsweise sind die besten „Argumente". Und wo lassen sich programmierte Texte einsetzen? Hier eine kleine Zusammenstellung aus meinem eigenen Erfahrungsbereich:

Automobilfirmen
Anwälte
Arzneimittelhersteller
Ärzte
Bauindustrie
Behörden
Büroindustrie
Chemische Industrie
Genußmittelhersteller
Industrieanlagenbau
Kunststoffartikelhersteller
Maschinenbauunternehmen
Hersteller technischer Artikel
Textilfaserindustrie
Versicherungen
Verbände und Organisation aller Art
Verlage

Angebotsabteilung
Ausbildungswesen
Buchhaltung
Einkauf
Informationsabteilung
Mahnwesen
Markenschutzabteilung
Pensionskasse
Personalabteilung
Reklamationsabteilung
Sozialwesen
Verkauf
Verkaufsförderung
Versand
Werbung
Werksvereine

Seit Horst Bernhard Bunjes erstem Angriff auf veraltete Korrespondenzgestaltung und unrationelle Korrespondenzverarbeitung und seinem Tod durch Verkehrsunfall am 17. März 1968 hat sich vieles verändert. Seine Grundgedanken haben sich durchgesetzt, sind erweitert und verfeinert worden. Doch wahrscheinlich hätte er sich über diese positive Entwicklung gar nicht gewundert. Er war überzeugt davon, daß sich die Textverarbeitung entscheidend verändern würde, unter anderem durch Textprogrammierung und Textautomation. Er wußte aber auch wie kaum ein anderer, daß es vor allem darum geht, bessere Texte zu schaffen, wenn nicht hervorragende Technik zur Vervielfältigung schlechter Kommunikationsleistungen mißbraucht werden soll.

Was ist mit der Textprogrammierung zu erreichen?

Umstellungen sind unbequem. Deshalb reagieren wir auf Versuche anderer, unsere Arbeitsgewohnheiten zu verändern, oft so negativ: mit zahlreichen begründeten oder unbegründeten Einwänden, mit nur unvollkommen unterdrückter Skepsis, mit Trotz oder passivem Widerstand.
Die Forderung an uns, etwas anders als gewohnt zu tun und dabei, notgedrungen, etwas dazuzulernen, löst Abwehrgefühle in uns aus. Dagegen läßt sich nichts unternehmen, es sei denn ein mehrjähriges Training, das ganz darauf ausgerichtet wäre, die Unlust gegenüber dem Dazulernensollen zu einer Lust am Dazulernenwollen umzuwandeln. Die Schule mit ihren psychologischen Kunstfehlern erster Güte hat den meisten von uns die Freude am Lernen vergällt — auf lange Sicht, wenn wir uns später bewußt umzuerziehen versuchen — für immer, wenn wir uns dazu nicht aufraffen können oder keine Hilfe zu dieser Selbsthilfe erhalten.
Eine solche Umgestaltung des Verhaltens ist durchaus möglich: Jeder weiß aus eigener Erfahrung, daß er sich wohlfühlt, wenn er etwas gelernt oder etwas Bemerkenswertes geschafft hat. Am Anfang müssen wir uns also immer wieder unserer Einsicht erinnern, daß wir durch Wissensvermehrung, obgleich sie uns zunächst anstrengend erscheint, unser Wohlbefinden erhöhen.
Darüber hinaus ist es außerordentlich anregend, sich am Anfang eines Lernprozesses das Ziel und den Nutzen vor Augen zu stellen: damit nicht die Last, sondern der Erfolg des Bemühens unser Fühlen und Denken beherrscht.
Deshalb stelle ich hier, ehe wir gemeinsam den Weg und die Schwierigkeiten bedenken, stichwortartig einige Vorteile der Textprogrammierung, insbesondere der Korrespondenz-Programmierung, voran.

Vorteile der Korrespondenz-Programmierung

Die Korrespondenz-Programmierung bringt 4 Gruppen von Vorteilen mit sich:

1. Korrespondenzüberprüfung

2. Zeitersparnis
3. Organisatorische Vorteile
4. Niveauverbesserung

1 Beim Programmieren, in Gemeinschaftsarbeit mit den Sachbearbeitern, werden die Korrespondenzinhalte überprüft. Dabei werden unterschiedliche Auffassungen und Arbeitsweisen verschiedener Korrespondenten sichtbar, und man kann sich für die Zukunft auf die beste einigen. Auch Überschneidungen, innerhalb einer Abteilung oder zwischen mehreren Abteilungen, zeigen sich und können beseitigt werden.

Bei vielen Briefen entdeckt man, daß sie teilweise oder ganz überflüssig oder nur bedingt zutreffend sind. Die ausführliche Inhaltsdiskussion gleicht einer intensiven Durchforstung dessen, was bis dahin geschrieben worden ist.

Bei dieser Diskussion und durch diese Diskussion ist jeder Teilnehmer gezwungen, jeden Sachverhalt wieder einmal neu zu bedenken. Dieser Zwang entreißt ihn der Routine.

2.1 Der Korrespondent braucht keine Formulierungen mehr zu überlegen.

2.2 Der Korrespondent „diktiert“, indem er die passenden Informationsstücke aus dem Korrespondenz-Handbuch auswählt und ihre Kennziffern, sowie oft einige Zusätze, in den Diktatzettel einträgt.

2.3 Die „Diktate“ brauchen nicht aufgenommen zu werden.

2.4 Wenn die Briefe mit einem Korrespondenzautomaten geschrieben sind, braucht der Korrespondent sie nicht mehr ganz zu lesen, sondern nur noch zu prüfen, ob die richtige Textkonserve genommen worden ist und die individuellen Einfügungen stimmen.

2.5 Alle abzeichnenden Vorgesetzten brauchen die Briefe, zumindest auf Ausdrucksweise und Gedankenführung hin, nicht mehr zu prüfen.

2.6 Da die Briefe gemeinsam erarbeitet und von allen gutgeheißen sind, gibt es keine Rückgaben und Neuschriften mehr.

2.7 Programmierte Briefe sind in der Regel wesentlich, durchschnittlich um 1/3, kürzer als individuell diktierte Briefe. Zeitersparnis beim Schreiben und beim Lesen!

3.1 Verschiedene Korrespondenten geben zu Anfragen gleicher Art immer die gleiche Antwort.

3.2 Mit Hilfe des Korrespondenz-Handbuches kann die Argumentation mit anderen Stellen abgestimmt werden.

4.1 Durch täglichen Umgang mit guten Brieftexten wird jeder Korrespondent ohne Aufwand geschult. Insbesondere wird sein Stil von der weithin üblichen negativen auf eine positive Ausdrucksweise umgestellt.

4.2 Der einzelne Korrespondent wird nicht nur „automatisch" geschult. Er fühlt sich darüber hinaus veranlaßt, seinen individuellen Formulierungen mehr Aufmerksamkeit zu schenken. Er weiß, daß floskelhafte, umständliche Routinebriefe in Konkurrenz mit den programmierten Briefen negativ auffallen.

4.3 Die Korrespondenz der Abteilung bekommt ein „Gesicht".

4.4 Der Zeitaufwand des Korrespondenten für seine Korrespondenz wird vermindert, seine Verantwortung jedoch erhöht. Er ist dafür verantwortlich, daß die richtige Brief- und Bausteinwahl getroffen wird. Die Textprogrammierung steigert seine Qualifikation.

Sagen Sie selbst: Lohnt es nicht, das in der Praxis zu erproben?

Manche meinen, sie seien zu alt, um sich noch auf dergleichen umstellen zu können, und daraus folgern viele, daß nur junge Leute dafür geeignet seien und daß die Zusammenarbeit des Textprogrammierers mit jungen Korrespondenten leichter vonstatten gehe und bessere Früchte trage. Das ist ein Vorurteil.

Ich habe häufig das Gegenteil erlebt. Ein Abteilungsleiter, im letzten Viertel seines Berufslebens, sagte mir dem Sinne nach:

Wenn ich mich nicht vor den Wagen des Fortschritts spanne — aus Bequemlichkeit oder Begriffsstutzigkeit —, dann spannen sich andere davor, und ich muß die Konsequenz ziehen, indem ich mich so früh wie möglich, mit 60 statt 65, in den Ruhestand versetzen lasse. Aber ich spanne mich davor. Ich habe mich ohne die günstigsten Voraussetzungen der Schulausbildung auf meinen Platz hochgearbeitet, und ich habe dabei gelernt, daß man sich in keinem Stadium auf seinen Lorbeeren ausruhen darf — und daß das im Grunde auch gar keinen Spaß macht.

Diese Einstellung wäre manchen Älteren zu wünschen, die sich gegen Neuerungen wehren, weil sie halbbewußt oder unbewußt befürchten, sie könnten nicht mehr Schritt halten, sich nicht mehr anpassen. Sie wäre aber ebenso vielen jungen Leuten zu wünschen, denen Neuerungen zuwider sind, weil sie meinen, sie hätten nun — nach Schulausbildung und vielleicht sogar Studium — genug gelernt.

Bequemlichkeit und mangelndes Selbstvertrauen sind in allen Altersschichten zu finden. Ein Unternehmen, in dem man diesen beiden Leistungsfeinden ebenso unaufdringlich wie systematisch entgegenarbeitet, wird seine Konkurrenten bei sonst ähnlichen Voraussetzungen immer weit überflügeln.

Ein individuell diktierter Brief — kritisch betrachtet

Eine Fachzeitschrift bietet ihren Lesern unter „Der korrekte Brief" ein Vorbild für eine Kreditgewährung an. Ein Kunde möchte einen Rechnungsbetrag von 15 500 DM drei Monate gestundet haben. Nachdem sich der Gläubiger mit Hilfe einer Auskunftei über die Situation des Kunden informiert hat, schreibt er ihm so (die Satzziffern dienen nur dazu, unsere Verständigung in der kritischen Betrachtung zu erleichtern):

Sehr geehrter Herr Kaetler,

1) entschuldigen Sie bitte, daß ich verspätet auf Ihr Schreiben vom ... Juni d. J. eingehe.

2) Leider war ich durch eine dringende Geschäftsreise einige

Tage vom Büro abwesend und komme deshalb erst heute dazu, Ihnen zu antworten.

3) Selbstverständlich bin ich gern bereit, Ihnen als altem Kunden, der stets korrekt seiner Verpflichtung nachkam, den erbetenen Kredit in Höhe von 15 500,— bis zum 30. Sept. 1977 einzuräumen.

4) Da ich jedoch auf termingemäße Regulierung meiner Forderungen angewiesen bin, zumal meine Bank, wenn ich gezwungen wäre, bei ihr einen Kredit in Anspruch zu nehmen, mich mit Sollzinsen belastet, bitte ich um Verständnis, wenn ich für die 3 Monate Fristverlängerung 5 % Verzugszinsen in Ansatz bringe.

5) Sie würden demnach am 30. Sept. d. J. 15 500,— DM + 193,75 DM Verzugszinsen, also insgesamt 15 693,75 DM, zu leisten haben.

6) In der Erwartung, Ihnen mit diesen Zeilen gedient zu haben, gleichzeitig der Hoffnung Ausdruck gebend, daß sich unsere ferneren geschäftlichen Beziehungen so gut gestalten mögen wie bisher,

mit freundlichen Grüßen

(Unterschrift)

Der Fall, daß ein Kunde um Kredit bittet, tritt des öfteren oder sogar häufig auf. Es lohnt sich also, den Brief schon zu formulieren, bevor das Ereignis eintritt. Der Textprogrammierer, der einen solchen Brief in der Korrespondenz seines Auftraggebers findet, hat zunächst zwei Aufgaben:

1. den Brief stilistisch zu überarbeiten und dabei, wenn möglich, zu kürzen;
2. den Brief gedanklich besser auf die Interessen des Empfängers einzustellen und so die Interessen des Absenders besser wahrzunehmen.

Er fragt sich also: Was an diesem Brief ist zu verbessern? Denn wenn ich schon einen Brieftext schaffe, der immer wieder verwendet wird, dann sollte dieser Text so geschickt wie möglich formuliert sein.

1) Das Datum des Schuldnerbriefes steht in der Bezugszeichenzeile; ich brauche es nicht zu wiederholen, schon gar nicht mit der veralteten Bezeichnung „d. J.“.

2) Eine glatte Lüge. Ist eine vorsichtige Formulierung der Wahrheit nicht vertrauenswürdiger?

3) „Selbstverständlich“, das ist Unsinn. Wenn die Auskunftei einen ungünstigen Bericht geschickt hätte, würde sich der Gläubiger hüten, Kredit zu geben. Es wäre ihm dann ebenfalls gleichgültig, ob der Schuldner ein alter oder ein neuer Kunde wäre. Einem neuen Kunden, der kreditwürdig erschiene, würde er Kredit geben; einem alten Kunden, der nicht kreditwürdig wäre, würde er keinen Kredit geben. Die benutzte Zeitform des Imperfekts (Erzählungen stehen im Imperfekt) ist hier falsch.

4) Die Begründung für das Zinsverlangen ist abgedroschen und überflüssig. Jeder weiß, daß niemand etwas zu verschenken hat und daß er etwas verschenkte, wenn er zinslosen Kredit gäbe. Das Wort „Verzugszinsen“ klingt in diesem Zusammenhang nicht gut, weil es gleich an Mahnbriefe erinnert, die man Schuldnern schickt, die nicht zahlen wollen oder können. Und schließlich der Satzbau: alles andere als klar und einfach!

5) Beträge und Zinsen leistet man nicht, man zahlt sie.

6) Der verschnörkelte Schlußsatz stammt gedanklich und sprachlich aus dem vorigen Jahrhundert.

Aus diesem Brief könnte werden:

Meine Rechnung vom 14. 03. 77

Sehr geehrter Herr Kaetler,

weil ich Ihnen gleich endgültig zusagen wollte, meine Möglichkeiten aber erst prüfen mußte, hat die Antwort ein wenig auf sich warten lassen. Bitte entschuldigen Sie die kleine Verzögerung.

Ich bin gern bereit, die Zahlungsfrist für die 15 500 DM um drei Monate zu verlängern. Die üblichen Kreditzinsen betragen 5%, so daß Sie am 30. September 1977 insgesamt 15 500,— DM + 193,75 DM = 15 693,75 DM zu zahlen hätten. Sind Sie damit einverstanden?

Es würde mich freuen, wenn Ihnen dies helfen könnte, den finanziellen Engpaß schnell hinter sich zu bringen.

Mit besten Grüßen

Dieser Text enthält keine halben und keine ganzen Lügen, ist wesentlich kürzer als der Beispieltext, weil er ohne Umschweife zur Sache kommt, und wirkt insofern noch höflicher, als er den Empfänger fragt, ob er mit dem Vorschlag einverstanden sei. Dem Verfasser des Beispieltextes ist diese Frage gar nicht in den Sinn gekommen, weil er sich als gnädig Gewährender fühlte.

Aus diesem Entwurf macht der Verfasser nun einen Programmtext. Das heißt, er beziffert die Absätze — auch Betreff, Anrede und Gruß zählen als Absätze — und stellt jedem Absatz eine Stichwortzeile voran. Diese Zeile ermöglicht es dem Korrespondenten, sich den Inhalt eines Absatzes zu vergegenwärtigen, ohne den Text zu lesen. Bei Betreff, Anrede und Gruß steht die Stichwortangabe natürlich nur, um ein durchgehendes Ordnungsprinzip zu haben.

1 **Betreff**

Meine Rechnung vom ... über ... DM

2 **Anrede**

Sehr geehrte ...,

3 **Entschuldigung wegen Verzögerung**

weil ich Ihnen gleich endgültig zusagen wollte, meine Möglichkeiten aber erst prüfen mußte, hat die Antwort ein wenig auf sich warten lassen. Bitte entschuldigen Sie die kleine Verzögerung.

4 **Kreditzusage. 5 % Zinsen.**

Ich bin gern bereit, die Zahlungsfrist um drei Monate zu verlängern. Die üblichen Kreditzinsen betragen 5 %, so daß Sie am ... insgesamt ... DM zu zahlen hätten. Sind Sie damit einverstanden?

5 **Hoffentlich eine Hilfe!**

Es würde mich freuen, wenn Ihnen dies helfen könnte, den finanziellen Engpaß schnell hinter sich zu bringen.

6 **Gruß**

Mit besten Grüßen

Sie erkennen nicht nur an den Absatzziffern und Stichwortzeilen — beide werden natürlich nicht mitgeschrieben —, sondern auch an den fünfmal drei Punkten, daß aus dem individuellen Brief ein Programmbrief geworden ist. Das Diktat, auf einem Diktatzettel festgehalten, sähe zum Beispiel so aus:

Herrn Karl Kaetler
Friedrichstraße 248
6800 Mannheim

k-d	12. 05. 77	f-k	26. 05. 77

1	14. 03. 77	15 500
2	r Herr Kaetler	
3		
4	30. 09. 77	15 693,75
5		
6		

Die Adresse und die Bezugszeichen braucht der Diktant nicht anzugeben, wenn er den zugehörigen Brief des Adressaten an die Schreibkraft mitgibt.

Nun mag die Korrespondenz zeigen, daß es für solche Kreditzusagen noch Varianten gibt. Zum Beispiel verzichtet der Gläubiger bei ihm gut bekannten Kunden vielleicht auf den Bericht einer Auskunftei, vielleicht läßt er sich bei wieder anderen Kunden lieber einen Wechsel geben. Deshalb vervollständigt er den Programmbrief wie folgt:

1 **Betreff**

Meine Rechnung vom ... über ... DM

2 **Anrede**

Sehr geehrte ...,

3a **Entschuldigung wegen Verzögerung**

weil ich Ihnen gleich endgültig zusagen wollte, meine Möglichkeiten aber erst prüfen mußte, hat die Antwort ein wenig auf sich warten lassen. Bitte entschuldigen Sie die kleine Verzögerung.

3b **Sofort bereit**

bei unserer vieljährigen guten Geschäftspartnerschaft brauchte ich nicht lange zu überlegen; es kann ja jedem von uns einmal passieren, daß er vorübergehend in einen finanziellen Engpaß gerät.

4a **Kreditzusage. 5 % Zinsen.**

Ich bin gern bereit, die Zahlungsfrist um drei Monate zu verlängern. Die üblichen Kreditzinsen betragen 5 %, so daß Sie am ... insgesamt ... DM zu zahlen hätten. Sind Sie damit einverstanden?

4b **Wechselzusage auf Wunsch**

Ich bin gern bereit, auf Ihren Vorschlag einzugehen. Bitte akzeptieren Sie die beigefügte Tratte über den Betrag von ... DM (er enthält die üblichen 5 % Zinsen), fällig am ... 19 .., und schicken Sie mir das Papier recht bald unterschrieben und versteuert zurück.

4c **Zusage bei Wechselannahme**

Ich habe durchaus Verständnis für Ihre Situation und möchte Ihren Kreditwunsch erfüllen; allerdings kann ich es nur in der folgenden Form: Sie akzeptieren die beigefügte Tratte über den Betrag von ... DM (er enthält die üblichen 5 % Zinsen), fällig am .... Wenn Sie damit einverstanden sind, schicken Sie mir das Papier bitte recht bald unterschrieben und versteuert zurück.

5 **Hoffentlich eine Hilfe!**

Es würde mich freuen, wenn ich Ihnen auf diese Weise geholfen hätte.

6 **Gruß**

Mit besten Grüßen

7 **Anlagen**

Anlage

Was bedeuten in diesem Text die kleinen Buchstaben a) und b) bei 3 und a), b) und c) bei 4? Man sieht es auf den ersten Blick: Die mit kleinen Buchstaben zusätzlich zur Ziffer gekennzeichneten Absätze schließen einander aus. Wer 3a diktiert, darf 3b nicht verwenden.

Diese früher oft benutzte Gliederung brachte einen Nachteil mit sich, wenn man die so zusammengestellten Briefe auf einem Korrespondenzautomaten schreiben ließ. Die Eingabe der Schreiberin am Korrespondenzautomaten, das Ansteuern der gewünschten Textteile erlaubte als Steuerbefehl kein a) und b) und c). Das heißt, die Automatenschreiberin brauchte eine andere Bezifferung, als sie der Diktant in seinen Texten hatte. Sie mußte sich neben die Briefkennziffern des Diktanten ihre eigenen Ziffern schreiben, zum Beispiel so:

Numerierung des Diktanten	Numerierung der Automatenschreiberin
1	1
2	2
3a	3
3b	4
4a	5
4b	6
4c	7
5	8
6	9
7	10

Um diese doppelte Numerierung zu vermeiden, brauchte man die beiden Reihen nur zu kombinieren, indem man die Ziffern der rechten und die Buchstaben der linken Reihe nahm, also:

1 — 2 — 3a — 4b — 5a — 6b — 7c — 8 — 9 — 10

Eine bessere Möglichkeit: Man gab den Varianten, die einander ausschließen nicht fortlaufende, sondern dieselben Buchstaben, also:

1 — 2 — 3A — 4A — 5B — 6B — 7B — 8 — 9 — 10

Wenn man nicht nur drei oder vier, sondern vielleicht dreißig oder vierzig solcher Briefe mit Variationsmöglichkeiten zusammen hat, wird es schwierig, sich darin zurechtzufinden. Eine Bedingung für schnelles Arbeiten mit programmierten Briefen ist aber unter anderem, daß man den benötigten Text schnell zur Hand hat. Um das zu gewährleisten, führt man meistens, zusätzlich zu den Absatzkennziffern, Briefkennziffern ein und fügt alle programmierten Briefe in einem Handbuch — am besten einem Ringbuch mit Klarsichthüllen — zusammen.

Für eine Verkaufsabteilung kann man zum Beispiel die Briefkennziffern von 000 bis 999 wählen. In diesem Bereich nehmen vielleicht die Angebote die Ziffern 000 bis 199 und die Kreditgewährungen und Kreditabwicklungen die Kennziffern von 700 bis 799 ein. Es ist bei diesem Verfahren notwendig, in jedem Bereich eine Anzahl Reservekennziffern vorzusehen, damit man ohne Schwierigkeiten weitere Programmbriefe nachschieben kann.

Die hier geschilderte Methode, Standardbriefe mit Abschnittsvarianten und offenen Stellen für Variable zu programmieren, läßt sich durch Einschränkung erweitern. Das klingt paradox, ist aber zutreffend und vor allem — nützlich. Wir schränken die Textmenge ein und dehnen zugleich die Anwendungsmöglichkeiten aus.

Konkret: Statt ganzer Briefe mit Varianten und offenen Stellen für Variable programmieren wir nur noch einzelne Bausteine, ebenfalls mit offenen Stellen für Variable.

Ein ganzes Gebiet, zum Beispiel Auskünfte an Mitarbeiter in Krankheitsfällen, wird in Bausteine zerlegt. Das heißt, jeder Textbaustein kommt nur ein einziges Mal vor, ob er ebenfalls nur in einem einzigen Fall oder aber in vielen Fällen gebraucht wird. Die Textmenge wird also kleiner, während die Möglichkeit, unterschiedliche Briefe zusammenzusetzen, tatsächlich größer wird.

Allerdings verlangt das Arbeiten mit Textbausteinen dem Diktanten zunächst mehr ab. Er hat mehr zu bedenken und zu kombinieren. Der erfahrene Textprogrammierer weiß jedoch Wege, diesen Nachteil wieder aufzuheben.

Das fertige Handbuch, mit einem Inhaltsverzeichnis, muß bei jedem Korrespondenten und bei jeder Schreibkraft auf dem Tisch liegen.

Ein berechtigter Einwand: Wird ein solches Handbuch nicht zu dick, als daß man zügig damit arbeiten könnte? In einer großen Abteilung mit vielen Briefkonserven mag das passieren. Aber — der einzelne Korrespondent wird immer nur einen Teil des ganzen Abteilungsbereichs bearbeiten, und nur die zu diesem Teil gehörenden Texte brauchen in seinem Handbuch enthalten zu sein.

Schwieriger wird es — entgegen der Erwartung — in einer Firma mit ganz wenigen Kräften, vielleicht sogar einem Ein-Mann-Betrieb. Denn dort muß der einzelne wirklich nahezu alles bearbeiten und benötigt deshalb auch alle programmierten Texte in seinem Handbuch. Wieder eine Nuß, die man getrost dem Textprogrammierer zu knacken geben darf! Wenn er gut ist, wird es ihm gelingen.

Billigere Briefe + bessere Briefe = Textprogrammierung + Automation

Das Korrespondenz-Handbuch ist fertig. Was ist damit erreicht? Zwischen 20 % und 90 % aller Briefe — die Zahlen schwanken — lassen sich durch Ansagen oder Aufschreiben oder Anstreichen von Kennziffern und einigen wenigen Einfügungen „diktieren". Da die Briefe ohne Zeitdruck und ohne den Einfluß ungünstiger Situationen formuliert worden sind, zeichnen sie sich durch Kürze, sprachliche Klarheit und psychologisch richtige Einstellung auf den Briefpartner aus. Der „Diktiervorgang" verlangt keine Wort-für-Wort-Ansage mehr. Die geschriebenen Texte enthalten keine Tippfehler, Zeichensetzungsfehler, Hörfehler. Allerdings — sie müssen immer noch auf einer Schreibmaschine geschrieben werden.

An dieser Stelle springt die Technik in die Bresche. Texte, die feststehen, lassen sich speichern und von Textsystemen, Personal Computern oder EDV-Anlagen ansteuern und mit hoher Geschwindigkeit beliebig oft fehlerfrei schreiben. Eine Briefseite kann so in durchschnittlich einer Minute produziert werden.

Allerdings sind solche Textverarbeitungsanlagen natürlich teurer als Schreibmaschinen. Sie bewegen sich in Ihren Anschaffungskosten in den Kostengrößen von Personenkraftwagen.

Daraus ergeben sich Fragen: 1. Bringt ein Textsystem oder Personal Computer überhaupt so viel ein, daß sich die Ausgabe lohnt? 2. In welchem Verhältnis stehen die Mehrkosten eines teuren Gerätes zu den Vorteilen seiner besseren Ausstattung?

Prospekte und sonstiges Informationsmaterial der Hardwarefirmen sowie Vorführungen und Messedemonstrationen geben darüber zwar Auskunft. Aber: Wie genau, wie übersichtlich, wie gut vergleichbar? Sicherlich keine erschöpfenden, aber doch wesentlich weitergehende Informationen bietet das Ergebnis eines von der GRT Gesellschaft für Rationelle Textverarbeitung mbH, Köln (heute GTD Gesellschaft für Textverarbeitung und Datentechnik, Bergisch Gladbach), durchgeführten Praxistests, das in der Fachzeitschrift bto 7/71 veröffentlicht worden ist.

Das Testthema: Automatisches Schreiben programmierter Korrespondenz. Das Testmaterial bestand aus 209 Selektionen, die längste 20 Zeilen, die kürzeste 8 Anschläge umfassend. Aus vier Briefgruppen waren 34 Briefe mit insgesamt 55 bis 58 Seiten zu schreiben, je nachdem, wie stark man die Briefblätter füllte.

Die Gesamtkosten für diese Arbeit beliefen sich, je nach Gerätetyp, auf knapp 30 bis 60 DM. Am günstigsten schnitten die besten mittelteuren Automaten (30000 bis 40000 DM) mit vollautomatischen Arbeitsabläufen ab: Der absolute Automatenpreis war also nicht entscheidend; der billigste Automat konnte sich in der Praxis als der teuerste erweisen (zu kostenaufwendige Bedienung!), aber umgekehrt brauchte der teuerste Automat auch nicht der in der Praxis billigste zu sein (keine Vorteile gegenüber mittelteuren!).

Interessanter noch als der Vergleich der Automatenleistungen untereinander war das Testergebnis im Vergleich zu den Kosten für herkömmliche Schreibarbeit: In der Schreibpraxis (nicht bei Schnellschreibwettbewerben!) wird eine durchschnittliche Typistin für das Schreiben von knapp 60 Briefseiten 2,5 bis 3 Tage beanspruchen. Bei unserem Test betrug die Herstellungszeit im Durchschnitt 3 Stunden! Und in einigen Fällen brauchte die Schreiberin nur ein Viertel bis ein Drittel dieser Zeit am Textautomaten zu sitzen; die restliche Arbeit erledigte das Gerät allein, vollautomatisch.

Was für eine Kostensenkung das bedeutet, kann sich jeder selbst ausrechnen.

Interessant ist zusätzlich, aus heutiger Sicht: Die Preise für Hardware sind gefallen, während die Leistungen der neuen Systeme erheblich gestiegen sind.

Dabei gleich noch ein Wort zu der Aufgabe „Textbearbeitung“ (s. Seite 49)! Vor einiger Zeit habe ich noch geschrieben: „Das Ideal wäre eine Anlage mit einem Preis zwischen 5000 und 10000 DM, so daß mehr Schreibmaschinen durch höherwertige Technik ersetzt werden könnten, auf jeden Fall an jedem Dauerschreibplatz und in Chefsekretariaten mit ihren besonderen Streßsituationen." Heute stellen wir fest: Dieser Zustand ist erreicht worden: durch elektronische Speicherschreibmaschinen und zunehmend auch Personal Computer. Damit dient die Textautomation nicht nur der Rationalisierung, sondern auch und sogar noch mehr der Arbeitshumanisierung.

Besonders vorteilhaft für Chefsekretariate sind Geräte für Textbearbeitungsaufgaben, die aber auch kleine Textprogramme elegant verarbeiten können, Textprogramme, die sich die Sekretärinnen selbst entwickeln können, wenn sie sich die Grundkenntnisse der Textprogrammierung einmal angeeignet haben.

Auszug aus einem Texthandbuch
(aus Duden-Taschenbuch 19: „Wie diktiert man im Büro?", Wolfgang Manekeller)

Textprogramm „Seminarangebot“

Betreff	01	Seminar „Textgestaltung“	**01**
	02	Seminar „Formulieren“	02
	03	Seminar „Diktieren“	03
	04	Seminar „Formulieren und Diktieren“	04
	05	Seminar „Einführung in die moderne Textverarbeitung“	05
	06	Seminar „Einführung in die Textprogrammierung“	06
	07	Textverarbeitungsseminare in Ihrem Haus	07
Bezug	10 E	Ihr Brief vom	10 E
	11 E	Ihr Anruf vom	11 E
	12 E	Ihre Anfrage vom	12 E
Anrede	15	Sehr geehrte Damen und Herren,	15
	16	Sehr geehrte Herren,	16
	17 E	Sehr geehrte Frau	17 E
	18 E	Sehr geehrtes Fräulein .....,	18 E
	19 E	Sehr geehrter Herr .....,	19 E
	20 E	Sehr geehrte .....,	20 E
Angebot auf Anfrage	25	wir danken Ihnen für Ihre Anfrage und bieten Ihnen wunschgemäß an:	25
Angebot nach Gespräch	26	vielen Dank für das ausführliche Gespräch in Ihrem Haus. Hier das gewünschte Angebot:	26
Angebot nach Gespräch. Namen. Datum.	27 E3	wir danken Ihnen für das ausführliche Gespräch, das Ihr ..... am ..... mit ..... geführt hat, und bieten Ihnen an:	27 E3

„Seminarangebot“

Textgestaltung	30	Halbtagsseminar „Textgestaltung“ für Führungskräfte Wie funktioniert sprachliche Verständigung? Entwicklung eines einfachen Kommunikationsmodells. Warum Rationalisierung der Textgestaltung in Korrespondenz- und Berichtswesen? Kosten-, Personal- und Zeitprobleme. Sprachökonomie und Sprachwirkung: Verhältnis zwischen Textaufwand und Informationsmenge; Einfluß von Grammatik und Stil auf die Verständigung; Dienstleistungs- und Beeinflussungsnutzen; Sachbearbeitung und Textgestaltung. Beispiele, Kurzübungen. Diskussion, Möglichkeiten und Grenzen der Ausbildung und Weiterbildung aller diktierenden Mitarbeiter.	30
Formulieren	31	Ganztagsseminar „Formulieren“ für diktierende Mitarbeiter Bedeutung der Formulierarbeit im Gesamtrahmen der Textverarbeitung. Grundsatz- und Ausführungsregeln zur rationellen Gestaltung überzeugender Geschäftsbriefe. Zahlreiche Beispiele firmenspezifischer Thematik, Übungen, Diskussion. Hinweise auf die persönliche Weiterbildung.	31
Es folgen weitere Seminarangebote sowie Informationen über Modifizierungsmöglichkeiten, Kosten usw.			
Kleine Kosten . . . Gute Zusammenarbeit!	65 66	Ehe Sie sich entscheiden, bedenken Sie bitte die alte Textverarbeitungs-Erfahrung: Kleine Kosten ersparen große Kosten. Über eine Zusammenarbeit würden wir uns freuen. Wir freuen uns auf eine gute Zusammenarbeit.	65 66
Gruß Gruß — Anlage	70 71	Mit freundlichem Gruß Mit freundlichem Gruß Anlage	70 71

Textprogramm-Gestaltung

Es gibt viele Möglichkeiten, ein Textprogramm und ein Texthandbuch (meistens Zusammenfassung mehrerer Textprogramme) zu gestalten. Auf den Seiten 127 bis 128 sehen Sie eine Aufteilung, die sich in der Praxis bewährt hat.

Ganz links steht die „Kurztextspalte“ mit den Stichworten, die schnelles Auswählen der benötigten Textbausteine ohne Lesen der Texte ermöglichen. Warum links? Weil das Auswählen mit Hilfe der Kurztexte die erste Aufgabe ist und weil von links nach rechts unsere normale Leserichtung ist. Nach der Entscheidung findet man unmittelbar neben den Kurztexten die zugehörigen Adressen, die in die Schreibanweisung einzutragen sind. Nur wenn man aus Sicherheitsgründen doch einmal „Volltexte“ lesen will, arbeitet man, wiederum in normaler Leserichtung (nach rechts), weiter. Entscheidet man sich erst nach dem Lesen eines Volltextes, so findet man wieder direkt rechts daneben die zugehörige Adresse. Kein „Umherspringen“ mit den Augen: die Arbeitsrichtung ist immer von links nach rechts.

Die Horizontalstriche fassen Alternativtexte, also Texte, die einander im selben Brief ausschließen, zu leicht erkennbaren Blöcken zusammen. Neben den Adressen weist der Buchstabe „E“ auf eine Einfügungsstelle hin. Bei mehreren Einfügungen schreibt man nur ein „E“ und setzt die erforderliche Zahl dahinter, zum Beispiel: „E3“.

Die Texthandbuchgestaltung ist in folgender Weise besonders günstig: Textprogramme im A 4-Format quer schreiben! Fertige Programme um eine Stufe (auf A 5-Format) verkleinern! Je zwei Seiten in eine robuste Klarsichthülle legen! Klarsichthüllen in Ringbuch zur Aufnahme von A 5-Seiten zusammenfassen! Vorspann: Benutzungshinweise. Diktatmuster. Ausführungsmuster. Ausklappbares Inhaltsverzeichnis.

Und die Technik?

Wenn man durch eine Programmierbarkeitsanalyse geklärt hat, daß sich die Textprogrammierung und die automatische Verarbeitung der zu entwickelnden Programme lohnt, sollte man die Technikentscheidung treffen. Leichter gesagt als getan! Bei der Fülle der Typen mit zahlreichen Varianten und Sonderausstattungen fällt die Wahl schwer.

Hilft es da weiter, mal bei einem Verein oder Verband, beim RKW oder einem Unternehmensberater für Textverarbeitung nachzufragen? Nein.

Zuerst ist zu ermitteln, was in welchem Umfang mit dem Gerät – heute meistens ein PC – gemacht werden soll. Die Hauptaufgabengebiete der Textautomation, die in diesem Buch angesprochen worden sind:

1. Serientextproduktion
2. Textbearbeitung
3. Textbaustein-Verarbeitung

Noch nicht so bekannt, aber von zunehmender Bedeutung ist ein Verfahren, das die Gesellschaft für Textverarbeitung und Datentechnik mbH, Bergisch Gladbach, entwickelt hat: die programmierte Textbearbeitung.

Sie erkennen sofort, daß es eine Kombination der Verarbeitung von Textprogrammen und der Textbearbeitung ist. Beispiel: Angebotskorrespondenten im Industrianlagenbau brauchen sehr umfangreiche Texthandbücher, deren Bausteine bei individuellen Angeboten oft auch noch verändert werden müssen. Sie bedienen sich also in der Hauptsache aus dem Texthandbuch, unterziehen einzelne Bausteine aber außerdem noch einer Textbearbeitung.

Nach dieser Ermittlung der zu bearbeitenden Hauptaufgabengebiete gilt es festzustellen, welche Schwierigkeitsgrade bei den einzelnen Aufgaben auftreten. Um bei der automatischen Verarbeitung von Textprogrammen zu bleiben: Wie umfangreich sind zusammenhängende Programme, die man ohne Speicherwechsel verarbeiten will? Sind die Gebiete so groß, daß man für den Sachbearbeiter statt eines einfachen Benummerungssystems ein aussagefähiges Ordnungssystem braucht, das dann auch vom Automaten zu verarbeiten sein soll? Zwei Fragen von vielen!

Erst wenn man seinen Aufgabenkatalog beisammen hat, ist es sinnvoll, nach geeigneter Technik zu suchen. Und erst dann ist auch ein Unternehmensberater in der Lage, bei der Suche zu helfen.

Allerdings, noch einmal: Vorsicht! Die Fachleute auf diesem Gebiet sind dünn gesät. Außerdem muß sicher sein, daß der Berater durch den Verkauf eines bestimmten Fabrikats keine Vorteile hat.

Die Schwierigkeiten, die einer fundierten, rationalen Entscheidung im Wege stehen, führen leicht zur Resignation. Man flüchtet sich dann gern in die Vorstellung, daß so ziemlich alle Hardwareangebote heute gut seien oder daß man bei der oder der Firma mit großem Namen oder bei diesem oder jenem guten Freund gar nicht ganz falsch beraten werden könne.

Leider ist diese Vorstellung falsch. Jedes Textsystem und jede Textverarbeitungssoftware für PCs hat Stärken und Schwächen; manche liegen offen, manche sind versteckt. Es kommt wirklich darauf an, die beste oder wenigstens eine gute Wahl speziell für seine eigenen Aufgaben zu treffen.

Das setzt auch voraus: Selbst wenn man einen zuverlässigen Berater hat, sollte man nicht gezwungen sein, ihm blind zu vertrauen. Vielmehr muß man in der Lage sein, verständig mitzureden und die getroffene Auswahl mit überzeugenden Argumenten zu begründen.

Das notwendige Grundwissen kann man sich in mehrtägigen Seminaren mit dem Thema „Textverarbeitungstechnik“ und durch fleißiges Literaturstudium erarbeiten.

Natürlich sollte man auch Messen besuchen und sich dort einen Überblick verschaffen. Der Aufwand lohnt sich allerdings nur unter bestimmten Bedingungen:

1. Man muß Grundwissen haben, um das, was auf einer Fachmesse auf einen einströmt, verarbeiten und verwerten zu können.

2. Man muß planmäßig vorgehen, damit man sich nicht die Füße wundläuft und am Ende doch Wichtiges übersehen hat.

3. Man sollte sich vorher von allen Anbietern Informationsmaterial beschaffen, so daß man sich auf der Messe nicht mit Fragen aufzuhalten braucht, die jeder Prospekt beantwortet.

4. Man sollte die Aufgaben kennen, welche die Textverarbeitungs-Hardware und -Software lösen sollen.

Die Beispiele auf den Seiten 133 bis 135 zeigen vollautomatisch geschriebene Briefe. Die unterstrichenen oder kursiv geschriebenen Texte sind Einfügungen, die erst kurz vor Beginn der Schreibarbeit des Automaten gespeichert worden sind. Auf dem Lufthansa-Brief sind die handschriftlich eingetragenen Ziffern auf dem linken Rand die Kennziffern der gewählten Textbausteine.

Die Datumsangaben dieser Briefe lassen erkennen, daß einige Unternehmen schon in den 60er Jahren automatische Textbausteinverarbeitung betrieben haben. Das bedeutet: Wir haben es heute mit einer bewährten, ausgereiften Methode zu tun.

Aller Anfang ist leicht

Sie werden zugeben: Der Grundgedanke der Textprogrammierung — Briefe, die man öfter braucht, nicht immer neu zu diktieren — ist einfach, und auch die Systematisierung dieses Grundgedankens bereitet keine besonderen Schwierigkeiten. Aber Sie werden sich auch denken können, daß es sich hier wie auf so vielen Gebieten verhält: Der Teufel steckt im Detail.

Auf dem Weg zu einem Korrespondenz-Handbuch können so viele Hindernisse, offene und verdeckte Wassergräben, Fallgruben und Sichtbehinderungen liegen, daß der Unerfahrene, der sich an eine solche Aufgabe heranmacht, schier verzweifeln möchte. Es muß nicht so sein, doch es ist oft so.

In manchen Köpfen herrscht die Vorstellung, Textprogrammierung, das könne beinahe jeder. Ein Irrtum!

Lufthansa

Deutsche Lufthansa AG
5 Köln Claudiusstraße 1

Mitglied der IATA

Herrn
Harald Schumann

24 Lübeck
Am Kai 33

Telefon: Durchwahl-Nummer
des Sachbearbeiters (0221) 2068 602
Vermittlung: (0221) 20681
Telegramme: Lufthansa Köln
Telex: 08882902
Banken: Deutsche Bank AG, Köln, 106141
Rheinische Girozentrale und Provinzialbank, Köln, Konto 4133
Dresdner Bank AG, Köln, Konto 14-122270
Commerzbank AG, Köln, Konto 13123
Bank für Gemeinwirtschaft AG, Köln, 17170
Landeszentralbank, Köln, Konto 3/72
Postscheck: Köln, Konto 414

Ihre Zeichen	Ihre Nachricht vom	Unsere Zeichen (Bitte wiederholen)	Datum
-	15.5.1967	CGN LS 18 mny 505-1119	7. Juni 1967

Gepäckverlust - Flug LH 7o1 Lagos-Frankfurt am 13.3.1967

Sehr geehrter Herr Schumann!

Die Suche nach Ihrem Gepäck ist leider erfolglos verlaufen. Es
tut uns sehr leid, daß unsere Nachforschungen, Ihr Eigentum
wiederzufinden, fehlgeschlagen sind, und wir bitten für den
2 Verlust und alle daraus entstandenen Unannehmlichkeiten um Ent-
schuldigung. Selbstverständlich werden wir Sie benachrichtigen,
sollte wider Erwarten doch noch etwas über den Verbleib des
Gepäcks in Erfahrung gebracht werden.

Wir sind nun bereit, den Schaden im Rahmen der gesetzlichen und
durch Flugscheinkauf anerkannten Haftungsbestimmungen zu regu-
lieren. Vermutlich werden Sie wissen, daß Fluggesellschaften
4 nicht nach dem Wert, sondern vielmehr nach dem Gewicht des auf-
gegebenen Gepäcks haften, und zwar bis zu einem Betrage von
DM 67,5o für das Kilogramm.

Legt man ein Gewicht von 15 kg zu Grunde, das nach der In-
haltsliste zu urteilen als oberste Grenze anzusehen ist, so er-
6 gibt sich eine Entschädigungssumme von

DM 1.o12,5o

Sie erhalten beigefügt eine Abfindungserklärung über

15 DM 1.o12,5o

Bitte senden Sie dieses Dokument unterschrieben an uns zurück.
Nach Erhalt werden wir die Auszahlung sofort veranlassen.

23 Mit freundlichen Grüßen

26 Deutsche Lufthansa Aktiengesellschaft

27 Anlage
Abfindungserklärung

Vorsitzender des Aufsichtsrates: Dr. Hermann J. Abs. Vorstand: Dr. Herbert Culmann, Gerhard Höltje, Hans Süssenguth
Form 4064-66 (CGN KC 4) Printed in Germany

Bayer

Farbenfabriken Bayer AG

Personalabteilung
Angestellte

Telefon: Leverkusen 301 (Vermittlung)

Telex: 8510 881

Telegramme: Bayer Leverkusen

Konten: Postscheckkonto Köln 37 82
Landeszentralbank Köln-Mülheim 378/82

Herrn
Dieter Berger

5000 Köln
Duisburger Straße 67

Ihre Zeichen	Ihre Nachricht	Unsere Zeichen	Telefon-Durchwahl	509 Leverkusen-Bayerwerk
		nk-s	02172/30 7135	25.9.69

Beendigung der Probezeit

Sehr geehrter Herr Berger,

wir freuen uns, Ihnen mitteilen zu können, daß wir die vereinbarte Probezeit, Ihr Einverständnis voraussetzend, mit dem 30.9.69 als vorzeitig beendet betrachten.

Ihre frühere Dienstzeit vom 1.1.67 bis 30.9.67 rechnen wir Ihnen an. Damit gilt der 1.6.69 als neues Datum Ihres Eintritts in unser Unternehmen.

Ihr Bruttogehalt haben wir erhöht. Es beträgt ab 1.10.69 1020 DM monatlich (Tarifgehalt 981 DM).

Bitte behandeln Sie die Höhe Ihres Gehaltes vertraulich.

Die sonstigen Anstellungsvereinbarungen bleiben unverändert.

Mit freundlichen Grüßen

Farbenfabriken Bayer AG

Bayer

Farbenfabriken Bayer AG

Personalabteilung
Angestellte

Telefon: Leverkusen 301 (Vermittlung)
Telex: 8 510 881
Telegramme: Bayer Leverkusen
Konten: Postscheckkonto Köln 37 82
Landeszentralbank Köln-Mülheim 375/82

Herrn
Dieter Berger

5000 Köln
Duisburger Straße 67

Ihre Zeichen	Ihre Nachricht	Unsere Zeichen	Telefon-Durchwahl	509 Leverkusen-Bayerwerk
		nk-s	02172/30 *7135*	*25.9.69*

Beendigung der Probezeit

Sehr geehrter *Herr Berger*,

wir freuen uns, Ihnen mitteilen zu können, daß wir die vereinbarte Probezeit, Ihr Einverständnis voraussetzend, mit dem *30.9.69* als vorzeitig beendet betrachten.

Ihre frühere Dienstzeit vom *1.1.67* bis *30.9.67* rechnen wir Ihnen an. Damit gilt der *1.6.69* als neues Datum Ihres Eintritts in unser Unternehmen.

Ihr Bruttogehalt haben wir erhöht. Es beträgt ab *1.10.69* *1020* DM monatlich (Tarifgehalt *981* DM).

Bitte behandeln Sie die Höhe Ihres Gehaltes vertraulich.

Die sonstigen Anstellungsvereinbarungen bleiben unverändert.

Mit freundlichen Grüßen

Farbenfabriken Bayer AG

Vorstand: Kurt Hansen, Vorsitzender; Wilhelm Brenschede, Detlef Delfs, Hanns Gierlichs, Herbert Grünewald, Hans Holtschmidt, Hermann Holzrichter, Wilhelm Meyerheim, Walter Salzer, Friedrich Silcher, Herbert Weber, Walt Wilhelm, Heinz Wolfthan

Vorsitzender des Aufsichtsrats: Otto Bayer
Sitz der Gesellschaft: Leverkusen
Eintragung: Amtsgericht Opladen HRB 1122

12058/9

Manche Leute glauben, jemand wie ich sage so etwas nur, um den freiberuflichen Textprogrammierern möglichst viele Aufträge zu sichern.

Um dieser Fehldeutung vorzubeugen, ein klares Wort: Ich halte es für sinnvoll, daß sich jeder Bereich, in dem in größerem Umfang Textprogrammierung betrieben wird, einen eigenen, also angestellten Textprogrammierer heranzieht. Wenn Textprogrammierung und Textbaustein-Verarbeitung langfristig klappen sollen, muß man von Außenstehenden unabhängig sein. Die Aufgabe freiberuflicher Textprogrammierer wird mehr und mehr die eines Projektleiters für eine begrenzte Zeit sein.

Anders ausgedrückt: Ich halte es für ausgesprochen schlecht, sich ein Texthandbuch von einem externen Fachmann „auf silbernem Tablett" servieren zu lassen, ohne eigene Mitarbeiter auszubilden, die von der Sache etwas verstehen. Allerdings ist es auch eine Milchmädchenrechnung, zu glauben, man müsse um jeden Preis alles selbst machen; nicht selten wird dieser Preis dann höher, als man sich träumen läßt.

Vernünftig sind Lösungen, die beide Möglichkeiten und die konkreten Umstände berücksichtigen. Was für Mitarbeiter mit welchen Kenntnissen und Erfahrungen hat man, und in welchem Umfang kann man sie für die Aufgaben der Textprogrammierung freistellen? An welchen Stellen, bei welchen Arbeiten braucht man für eine übersehbare Zeit fremde Hilfe? Was kann ein eigener Mitarbeiter besser? Was fällt einem Außenstehenden leichter?

In den ersten Jahren der Textprogrammierungspraxis, etwa von 1968 bis 1974, waren die Verhältnisse anders als heute. Es gab nur wenige wirklich gute Fachleute, und die waren fast ausschließlich auf freiberuflicher Basis tätig. Sehr viele Seminare, die diese Fachleute veranstaltet haben, sind für zahlreiche Teilnehmer die Grundlage für eigene Praxisversuche gewesen, so daß es jetzt bereits eine ansehnliche Schar von Mitarbeitern gibt, die teilweise oder ganz selbständig Textprogrammierarbeiten übernehmen können.

Zu der Frage „Externer oder interner Textprogrammierer?" werde ich in den folgenden Kapiteln noch mehrfach Hinweise geben.

Bei uns geht das nicht!

Den Satz „Bei uns geht das nicht!" hört man in Gesprächen über das Thema „Textprogrammierung" immer noch. Daraus kann sich eine heftige Auseinandersetzung entwickeln. Der betriebsfremde Textprogrammierer kennt zwar die Korrespondenz des Hauses nicht, aber er weiß aus Erfahrung, daß sich der Unerfahrene oft sehr darüber täuscht, was programmierbar ist und was nicht. Der werkszugehörige Korrespondent, häufig ein Abteilungsleiter, kennt dagegen zwar die eigene Korrespondenz, weiß aber zu wenig über die Praxis der Textprogrammierung.

Der ganze Streit ist nutzlos und unfruchtbar. In dieser Situation und bei dieser Kenntnisverteilung wird keine der Parteien die andere überzeugen können. Was also tun?

Es gibt nur einen einzigen vernünftigen Weg: Den Textprogrammierer beauftragen, die Korrespondenz auf ihre Programmierbarkeit hin zu analysieren!

Dazu braucht er alle Kopien der Briefe, die in einer Zeit von vier bis acht Wochen geschrieben werden. Bitte darauf achten, daß nicht gerade eine Zeit gewählt wird, in der bestimmte wichtige und umfangreiche Korrespondenzaufgaben gar nicht vorkommen.

Der Skeptiker könnte einwerfen, der Textprogrammierer habe damit die Möglichkeit, das Ergebnis seiner Analyse zu rosig darzustellen — um einen Beweis für seine Behauptung zu liefern. Eins spricht bestimmt dagegen: Der Textprogrammierer käme in arge Verlegenheit, wenn er die Programmierarbeit dann leisten müßte und dabei in wesentlichem Maße scheiterte, weil sich herausstellte, daß sich vieles, was er als programmierbar hingestellt hätte, gar nicht programmieren ließe.

Der vernünftige Textprogrammierer verhält sich anders. Er ist gewiß nicht bemüht, sich ins eigene Fleisch zu schneiden und dabei auch noch die Methode der Textprogrammierung in schlechtes Licht zu setzen. Er wird sich vielmehr so verhalten, wie ich es in mehreren Fällen meiner Praxis gemacht habe: Die Analyse ergab, daß sich nur ein sehr kleiner, ein zu kleiner Prozentsatz der Korrespondenz einer Abteilung programmieren ließ. Ich sagte den Auftraggebern ganz offen, daß es sich nicht lohne.

Allerdings konnte ich ihnen, als Nebenprodukt der Analyse, einige wichtige Hinweise geben, die eine allgemeine Kürzung und Verbesserung der Brieftexte ermöglichten.

Das heißt, auch bei einem negativen Ergebnis hinsichtlich der Programmierbarkeit kann die Analyse Vorteile bringen, nicht zuletzt den, daß man sicher ist, alle Rationalisierungsmöglichkeiten ausgeschöpft zu haben.

Wer macht die Schriftgut- oder Postanalyse?

Im vorigen Abschnitt war ich davon ausgegangen, daß die Postanalyse von einem freiberuflich tätigen Textprogrammierer gemacht wird. Muß das eigentlich sein? Kann diese Aufgabe nicht viel besser ein Firmenangehöriger lösen, der die Korrespondenz aus der täglichen Praxis kennt? Stellen wir einmal Vorteile und Nachteile des einen und des anderen Weges gegenüber!

1. Die Postanalyse wird im eigenen Haus mit eigenen Kräften gemacht.

Vorteil:

Die Analytiker erkennen infolge ihrer Abteilungserfahrung sofort, welche Aktionen einmalig waren, welche Fälle sehr selten eintreten, welche Briefe es ganz oder in der vorliegenden Form nicht mehr geben wird, weil sich die Geschäftspolitik geändert hat oder weil sich Gesetze geändert haben.

Fraglicher Vorteil:

Die sichtbaren Kosten der Gesamtaktion „Textprogrammierung" werden geringer. Ob die wirklichen Kosten geringer werden, ist fraglich. Denn einmal muß die Arbeit ja auch im eigenen Haus bezahlt werden, und zum anderen sind die eigenen Kräfte, wenn sie das zum erstenmal unternehmen, ungeübter und brauchen mehr Zeit. Außerdem beginnt der Textprogrammierer nach einer intern erarbeiteten Analyse seine Arbeit ohne Vorkenntnisse der Materie; wenn er selbst analysierte, könnte er sich einlesen und einarbeiten.

Nachteile:

a) Postanalyse mit eigenen Kräften setzt voraus, daß diese Kräfte die Möglichkeiten der Textprogrammierung schon gut kennen. Wenn nicht, übergehen sie vielleicht viele Texte, die sich für die Programmierung eignen, kommen also zu einem falschen Ergebnis.

b) Die analysierten und als programmierbar erkannten Texte müssen bei großem Umfang in ein leicht zu handhabendes System gebracht werden, sei es mit Karteikarten, sei es mit Ordnern. Der Unerfahrene kann auch dabei Fehler begehen, die später Zeit kosten.

2. Die Postanalyse wird vollständig von einem freiberuflich tätigen Textprogrammierer gemacht.

Vorteile:

a) Der Analytiker erfaßt wirklich alles, was programmierbar und was vielleicht programmierbar ist.

b) Er wählt unter verschiedenen möglichen Ordnungssystemen das günstigste aus.

c) Er arbeitet sich bei der Analyse in die Materie ein. Das erspart Zeit und Geld, zumal oft für die Textprogrammierarbeit deutlich höhere Honorare als für die Postanalyse verlangt werden.

d) Er stellt bereits typische stilistische und psychologische Schwächen der Texte fest und kann sich auch bereits Sachfragen notieren, zum Beispiel Unklarheiten.

e) Er sieht die Texte mit den Augen des aufgeschlossenen, aufmerksamen Außenstehenden, nicht durch die Abteilungs- oder Firmenbrille.

Nachteil:

Der freiberuflich tätige Textprogrammierer erkennt vielleicht des öfteren nicht, welche Texte einmalig sind und welche Texte zu selten vorkommen, als daß sich die Programmierung lohnte. Aus diesen beiden Möglichkeiten ergibt sich eine dritte. Warum die Arbeit nicht teilen und jeden das tun lassen, was er am besten kann?

3. Die Postanalyse wird im eigenen Haus vorbereitet und dann von einem freien Mitarbeiter, in der Regel dem späteren Textprogrammierer, ausgeführt.

Was könnten die eigenen Kräfte bei dieser Arbeitsteilung im einzelnen tun?

a) Aus den in vier bis acht Wochen gesammelten Briefkopien alle aussortieren, deren Inhalte in Zukunft nicht mehr vorkommen!

b) Fälle kennzeichnen, die ganz selten eintreten! Es kann sonst leicht passieren, daß sich ein Text zur Programmierung anbietet, bei dem es sich nicht lohnt.

c) Die Briefkopien nach Sachgebieten geordnet in einem oder in mehreren Ordnern abheften und jeden Ordner mit einem Inhaltsblatt versehen, das dem Textprogrammierer zeigt, was unter den einzelnen Buchstaben zu finden ist! Für diese Zusammenstellungen keine Hefter benutzen, weil sich den Heftern kein Blatt entnehmen läßt, ohne daß man alle davor abgehefteten Blätter auch herausnimmt.

Welchen dieser drei Wege man geht, das hängt wesentlich auch von der Personalsituation der Firma oder Abteilung ab. Wo die Besetzung ausreicht, liegt es nahe, den dritten Weg zu wählen. Wo die verfügbare Arbeitszeit dagegen schon bis zur letzten Minute ausgenutzt wird oder sogar Überstunden an der Tagesordnung sind, wird man es vorziehen, den Textprogrammierer in der Postanalyse soviel Arbeit wie nur irgend möglich leisten zu lassen; die dadurch entstehende Honorarerhöhung ist das weitaus kleinere Übel.

Was soll als Ergebnis einer Postanalyse — auch Korrespondenz- oder Schriftgutanalyse genannt — herauskommen? Antwort auf folgende Fragen: 1. Wieviel ist programmierbar? 2. Lohnen sich Programmierung und Automateneinsatz? 3. Welche Automatenausstattung ist erforderlich? 4. Welche Einführungs- und An-

schaffungskosten entstehen, und welcher Nutzen ist zu erwarten?
5. Wie lassen sich Formularaufbau, Schreibweisen und Briefstil rationalisieren?

Im Zusammenhang mit der Analyse hört man oft Begriffe wie „Interviewtechnik“ und „Konferenztechnik“; diese Verfahren werden gegenüber der Kopienauswertung mit anschließender Besprechung als gründlicher und billiger hingestellt. Tatsächlich sind diese Methoden teurer und, wenn man sie nicht sehr intensiv und ausgedehnt betreibt, auch ungenauer. Außerdem läßt sich dabei die Analysenarbeit von der Anfangsphase der Programmierarbeit kaum trennen.

Soll man Korrespondenzanalysen nicht einfach, wenn möglich kostenlos, von Automatenfirmen verlangen? Kurzanalysen: ja. Gründliche Analysen: nein. Längst nicht alle Firmen haben fachkundiges Personal dafür. Und vergessen wir im übrigen nicht: Diese Firmen wollen — ganz zu Recht — in erster Linie Automaten verkaufen!

Aussprache — Absprache

Der Textprogrammierer trägt das Ergebnis seiner Postanalyse dem Abteilungsleiter oder dem für die Korrespondenzrationalisierung Verantwortlichen vor und gibt ihm darüber zugleich eine schriftliche Unterlage.

Wo schon vorher rationell gearbeitet wurde — Korrespondenzprogrammierung ausgenommen —, wird man in der Korrespondenz zahlreiche vervielfältigte oder gedruckte Briefe mit maschinen- oder handgeschriebenen Einfügungen finden. Auch von diesen Vordrucken muß je ein Exemplar in der zu analysierenden Post vorhanden und die Anzahl der verschickten Exemplare angegeben sein. Bevor die Größenordnung der programmierbaren Post ermittelt werden kann, ist zu entscheiden, welche dieser Vordruckbriefe beibehalten und welche zukünftig als programmierte Briefe verschickt werden sollen. Ein Anhaltspunkt: Alle Vordruckbriefe, die an Behörden oder an andere Stellen des eigenen Hauses gehen, beibehalten! Mitteilungen dagegen, die an Kunden und die an eigene Mitarbeiter in deren Arbeitsangelegenheiten gehen, auf Programmbriefform umstellen.

Es ist zum Beispiel nicht empfehlenswert, die Witwe eines ehemaligen Firmenangehörigen wegen ihrer Hinterbliebenenansprüche mit einer Vervielfältigung zu beglücken und ihr darin im ersten Satz sein Beileid auszudrücken.

Für lange Briefe bietet sich die Möglichkeit an, den Inhaltskern als gedrucktes Merkblatt zu gestalten und dieses Merkblatt mit einem kurzen programmierten Brief zu verschicken.

Wenn die Größenordnung der programmierbaren Post festgelegt ist, läßt sich entscheiden, ob die Anschaffung eines Korrespondenzautomaten lohnt, welche Fabrikate sich am besten eignen und, bei größerem Postumfang, wie viele Automaten gebraucht werden. Es ist gut, diese Entscheidung recht früh zu fällen, weil die Automatenhersteller manchmal lange Lieferzeiten haben.

Ein weiteres Besprechungsthema: Wie wollen wir die Einführung der Textprogrammierung abwickeln? Mit anderen Worten: Nach einem durchdachten Plan die Weichen stellen! Dazu gehören vor allem folgende Fragen:

1. Wann und wie die Mitarbeiterinnen und Mitarbeiter über die Art und den Sinn der Umstellung informieren?

2. Welche Voraussetzungen sind zu schaffen, damit der Textprogrammierer zügig arbeiten kann?

3. Welche Damen und Herren sollen stärker als die übrigen Korrespondenten einbezogen werden, damit sie, wenn der Textprogrammierer seinen Auftrag erfüllt hat, dessen Arbeit fortführen können?

4. Wer soll zu welchen Schulungen geschickt werden?

5. Welcher Zeitplan ist ungefähr einzuhalten?

Information ist der halbe Erfolg

Ein Unternehmen, das die Textprogrammierung einführen will, kann damit klein und — scheinbar — unauffällig in einem Eckchen beginnen, vielleicht sogar an einem einzigen Arbeitsplatz.

Das geht sicherlich. Aber was wird dabei am Rande geschehen? Gerade dieser „unauffällige" Beginn erregt Aufsehen. Niemand weiß etwas Genaues. Man tuschelt, mutmaßt, argwöhnt. Gerüchten sind Tür und Tor geöffnet. Wird der Korrespondent zum Maschinen-Hilfsarbeiter degradiert? Werden Typistinnen entlassen? Kann nicht ein älterer Vorgesetzter befürchten, daß dadurch Jüngere seiner Führung entgleiten, unabhängiger werden und er selbst ein Stückchen überflüssiger wird? Mag nicht ein junger Mann vermuten, nun werde er vielleicht noch strenger beaufsichtigt, kontrolliert, bewertet? Jeder sucht sich — das ist menschlich — das für ihn Unangenehmste als Möglichkeit heraus. Die denkbaren Folgen: Offener oder versteckter Widerstand, nur lässiges oder sogar mürrisches Mitmachen (weil es nun einmal befohlen ist), heimliche Sabotage!

Was ist dagegen zu tun? Vor allem eins: Die Beteiligten rechtzeitig und ausreichend informieren! Ihnen Gelegenheit zum Widerspruch und zur Aussprache geben! Ihnen deutlich machen, wie wichtig ihre Mitarbeit für das Gelingen ist! Ihnen vor Augen führen, welche Vorteile sie selbst davon haben!

Diese umfassende Information kann so aussehen:

Schon wenn man die Textprogrammierung als Fernziel ins Auge faßt, eine anerkannt gute Fachzeitschrift abonnieren und allen regelmäßig zuleiten! Wer von neutraler Seite über die Möglichkeiten und Ziele der Textprogrammierung unterrichtet wird, wenn er noch nicht unter dem Eindruck der Ereignisse am eigenen Arbeitsplatz steht, wird sehr viel ruhiger und aufgeschlossener reagieren, sobald diese Ereignisse eintreten.

Wenn das Ergebnis der Postanalyse und der „Fahrplan" zur Einführung der Textprogrammierung vorliegen, ein 1tägiges Informationsseminar veranstalten! Bei dieser Gelegenheit kann ein Mitglied der Firmenleitung oder der Abteilungsleitung die Vorteile der Textprogrammierung für das Unternehmen und für jeden einzelnen darlegen, während der Textprogrammierer die Methode erklärt und den Weg zum Ziel skizziert. In einer ausführlichen Aussprache sollten dann alle Fragen und Einwände diskutiert und, soweit möglich, geklärt und widerlegt werden

— in einer Weise, daß sich jeder am Ende sagen kann: Ich bin dafür, ich mache mit.

Wer den Wert dieser rechtzeitigen und ausreichenden Information unterschätzt, zahlt später drauf: einmal, weil der Textprogrammierer ohne diese Information das notwendige Fachwissen nachher in vielen Einzelgesprächen vermitteln muß, zum anderen, weil er auch die verständlichen Einwände und Widerstände in Einzelgesprächen widerlegen und ausräumen muß.

Was muß der Textprogrammierer eigentlich können?

Die Arbeit des Textprogrammierers ist im Verhältnis zum Nutzen billig, absolut gesehen teuer. Die Honorare liegen, ähnlich wie bei der Datenprogrammierung, zwischen 100 und 250 DM/Stunde. Es gibt auch andere Berechnungsarten, zum Beispiel nach Briefkopien oder nach fertigen Handbuchseiten; sie erscheinen dem einen oder anderen günstiger, sind es aber in der Regel nicht, können sogar teurer werden. Am besten und sichersten ist es, sich mit den Analysenergebnissen einen Richtpreis nennen zu lassen.

Wichtig ist weniger die Berechnungsart als vielmehr die Qualifikation des Textprogrammierers. Natürlich schafft ein erfahrener Mann in einer Stunde mehr als ein unerfahrener, ein intensiver Arbeiter mehr als einer, der es mit der Gemütlichkeit hält. Seine Erfahrung als Textprogrammierer läßt sich mit Hilfe von Referenzen feststellen. Darüber hinaus sollte man aus Veröffentlichungen oder durch Probearbeiten ermitteln, wie gut er Brieftexte zu formulieren weiß. Ein Textprogrammierer, der zwar methodisch, organisatorisch und technisch im Bilde ist, aber schwach formuliert, ist nicht zu empfehlen.

Ein vollwertiger Vertreter dieses neuen Berufes muß Fähigkeiten in sich vereinen, die man selten zusammen antrifft. Seine Aufgabe verlangt von ihm: Logik und Phantasie, sprachliche Genauigkeit und Gewandtheit, Sinn für Methodik und Organisation, technisches Verständnis, intensives, ganz auf sich selbst gestelltes Arbeiten, Aufgeschlossenheit und Diskutierfreudigkeit, Hartnäckigkeit und Kompromißbereitschaft, pädagogische Fähigkeiten, Menschenkenntnis.

Aber wenden wir uns von den Eigenschaften den Tätigkeiten zu, damit das Bild anschaulicher wird! Worin bestehen die Aufgaben des Textprogrammierers, worin werden seine Fähigkeiten sichtbar?

1. Der Textprogrammierer muß mit Fachkenntnis und vertrauenerweckendem Auftreten seine Verhandlungspartner von den Möglichkeiten und vom Wert der Textprogrammierung überzeugen. Ohne diese Leistung kommt es gewöhnlich nicht zum Auftrag, und unter Umständen wird das Unternehmen von dieser Methode der Korrespondenzrationalisierung überhaupt Abstand nehmen.

2. Der Textprogrammierer muß die Postanalyse erarbeiten, das Ergebnis vorlegen und in gemeinsamen Überlegungen mit den Firmenverantwortlichen die richtigen Schlüsse ziehen und Entschlüsse fassen. Hier und bei der Programmierarbeit braucht er u. a. umfangreiche und genaue Hardware- und Softwarekenntnisse.

3. Der Textprogrammierer muß die für diesen Zweck als verwertbar ermittelten Texte programmieren und zugleich stilistisch und gedanklich überarbeiten.

   Auch der zweite Teil dieser Aufgabe ist wichtig, sogar sehr wichtig. Hier bietet sich einmal die Gelegenheit, alte Zöpfe alter Kaufmannskorrespondenz, wie sie immer noch getragen werden, radikal abzuschneiden. Will man denn schwache und meistens zu lange Texte durch Programmierung und Automatisierung nun auch noch vervielfältigen? Das kann niemand im Ernst anstreben. Einer der entscheidenden Gründe für die Textprogrammierung liegt ja gerade darin, daß man die Möglichkeit hat, ohne Zeitdruck und ohne den Einfluß ärgerlicher Situationen kurze und zugleich überzeugende Formulierungen zu suchen und zu finden.

4. Stil- und Inhaltsdiskussion! An diese Aufgabe denkt man in der Regel nicht, wenn man den Auftrag erteilt. Dabei gehört

sie zu den wichtigsten und oft anstrengendsten Aufgaben der Textprogrammierung überhaupt.

Der Textprogrammierer muß alle Beteiligten, also alle Diktanten, von den Vorzügen seiner Stilvorschläge überzeugen. Das ist manchmal nicht ganz einfach, denn die Gesprächspartner haben entweder gerade in der Schule (nicht immer!) den alten Stil gelernt oder haben ihn bereits zehn, zwanzig, dreißig oder vierzig Jahre lang angewandt. Es bedarf oft eines großen Maßes an Geschicklichkeit und Diplomatie.

Außerdem muß der Textprogrammierer selbst sehr sattelfest sein, denn diejenigen, die sich umstellen sollen, haben verständlicherweise Spaß daran, ihm Fangfragen und Fallen zu stellen. Wenn er die Fangfragen parieren und die Fallen umgehen kann, macht die Sache allen Beteiligten Freude und lockert die Atmosphäre auf. Wenn nicht, ...

Zugleich mit dem Stil diskutiert man den Inhalt. Nicht überall, aber in sehr vielen Firmen und Verwaltungen ist mit der Textprogrammierung eine inhaltliche Durchforstung der gesamten Korrespondenz verbunden. Für den Textprogrammierer wäre es einfach und wünschenswert, er bekäme Briefkopien geliefert, die er inhaltlich als absolut verbindlich ansehen könnte. Aber das Glück hat er selten. Man hat diese Texte zwar alle einmal oder sogar viele Male geschrieben, aber in dem Augenblick, in dem man sich für lange Zeit in jeder Einzelheit entscheiden und festlegen soll, wird man stutzig, wird man kritisch.

Natürlich hält diese Inhaltsdiskussion die Programmierarbeit auf, und der Auftraggeber, der später den Umfang der programmierten Texte sieht, mag unwillig meinen, der Zeitaufwand dafür sei zu groß, also das Honorar für den Programmierer zu hoch. Weniger unwillig wird er sein, wenn er erfährt, daß diese Texte gegenüber den bis dahin verwandten nicht nur stilistisch besser und gewöhnlich kürzer, sondern auch sachlich richtiger und zweckdienlicher sind. Und noch erfreuter wird er sein, zu hören, daß eine Reihe von Texten, die man bis zu diesem Tag immer benutzt hat, als überflüssig erkannt oder überflüssig gemacht worden sind. Die beste Rationalisierung, die es gibt!

Eine Frage: Kann der Programmierer, wenn es um den Inhalt geht, überhaupt mitreden? Was versteht er von Tarifverträgen, Kündigungsschutz und Anstellungsbedingungen, von Export- und Importgebräuchen, von Chemiewerkstoffen, Maschinen oder Büromöbeln? Erstens ist zu wünschen, daß er vielseitige Erfahrungen auf zahlreichen Gebieten hat, und zweitens ist es notwendig, daß er sich in jede Materie schnell hineindenken kann. Unter diesen Voraussetzungen vermag der Textprogrammierer auch zur Inhaltsgestaltung oft wesentlich beizutragen: indem er die von verschiedenen Seiten vorgebrachten Argumente zusammenfaßt, kombiniert, ausgleicht, indem er eigene Gedanken beisteuert, die ihm möglicherweise deshalb kommen, weil er als Außenstehender noch nicht betriebsblind ist.

Fassen wir zusammen, warum die ausführliche Inhaltsdiskussion zwischen Diktanten und Textprogrammierer kein Verlustgeschäft, sondern im Gegenteil ein sehr einträgliches Geschäft sein kann:

a) Der Textprogrammierer wird die Diskussion vorwärtstreiben und bereichern. Er fördert die „fruchtbare Unruhe“.

b) Der hauptberuflich tätige Textprogrammierer bringt Erfahrungen aus anderen Bereichen mit. Er übt dabei, soweit andere Firmen und Produkte betroffen sind, natürlich strenge Diskretion, aber Grundsätzliches ist oft übertragbar.

c) Der hauptberuflich tätige Textprogrammierer – so darf man in der Regel annehmen – ist weniger betriebsblind als viele in den eigenen Reihen.

d) Da der Textprogrammierer gewöhnlich kein Fachmann der zu programmierenden Materie ist, wird er viele Fragen stellen können, die der Fachmann, als Folge jahrelanger Routine, nie stellen würde, weil er die Antworten für selbstverständlich hielte, obwohl sie es vielleicht gar nicht sind.

e) Der freiberuflich tätige Textprogrammierer ist manchmal unabhängiger als ein Werksangehöriger. Es fällt ihm unter Umständen leichter, sich zugunsten der Sache auch einmal auf eine harte Diskussion einzulassen.

5. Der Textprogrammierer muß ein Ordnungssystem für das Handbuch ausarbeiten. Das verlangt Geduld und Logik.

Es bedarf wohl keiner Beweisführung, daß der Textprogrammierer mit diesen Arbeiten zugleich Schulungsaufgaben übernimmt. Die Beteiligten werden korrespondenzkritischer und wagen die ersten Schritte auf dem Weg zu einem rationelleren und überzeugenderen Schreibstil.
Neben freiberuflichen werden mehr und mehr auch angestellte Textprogrammierer gesucht. Wie wird man Textprogrammierer? Der beste Weg: Der Anfänger muß, nach Besuch eines Grundseminars, die ersten Programme in Zusammenarbeit mit einem erfahrenen und auch pädagogisch befähigten freiberuflichen Textprogrammierer erarbeiten (etwa 6 Wochen).
Für den freiberuflichen Textprogrammierer wird sich außerdem immer häufiger die Aufgabe stellen, inhaltlich fertigen Textprogrammen eine stilistisch überzeugende Form zu geben.

Wer führt die Arbeit weiter?

Der Textprogrammierer liefert die Grundausführung eines Korrespondenz-Handbuches. Wenn dieses Handbuch wirklich auf die Dauer etwas leisten soll, muß es immer wieder ergänzt und berichtigt werden. Änderungen in der Geschäftspolitik und Gesetzesänderungen schlagen sich auch in der Korrespondenz nieder. Was nicht mehr brauchbar ist, muß aus dem Korrespondenz-Handbuch entfernt werden; was nicht mehr genau zutrifft, ist durch korrigierten Text zu ersetzen. Wer leistet diese Arbeit, wer fühlt sich für das Handbuch verantwortlich, falls man nicht einen eigenen Textprogrammierer beschäftigt?
Dafür sollte schon bei Beginn der Textprogrammierarbeiten ein Mitarbeiter ausgesucht werden, der geeignet erscheint und die Aufgabe gern übernimmt. Wenn er von Anfang an als Helfer des Programmierers tätig ist und wenn man ihn vor dieser und in dieser Zeit zusätzlich in Seminaren schulen läßt, kann er die Aufgabe erfüllen.

Er hat unter anderem dafür zu sorgen, daß jedes ausgegebene Handbuch immer mit den gleichen, den neuesten Texten bestückt ist. Wenn neue oder geänderte Texte ins Handbuch aufgenommen werden sollen, kann er beim Formulieren helfen oder den fertig gelieferten Text in die Handbuchform bringen.
Außerdem bietet sich die Möglichkeit an, den Textprogrammierer, der die Grundausführung des Handbuches erarbeitet hat, von Zeit zu Zeit mit Überarbeitungs- und Beratungsaufgaben zu beauftragen.
Welche Kenntnisse müssen dem innerbetrieblichen Nachfolger des externen Textprogrammierers vermittelt werden, damit er seinen vielseitigen Aufgaben gerecht werden kann? Natürlich handfestes Grundwissen auf den Gebieten: Programmierbarkeitsanalyse, Programmgestaltung, Handbuchgestaltung, Adressendiktat und Schreibkontrolle, Vordruckgestaltung, Stilistik, Technikkunde, Organisation der Diktier- und Schreibarbeit, arbeitsmedizinische Aspekte. Darüber hinaus muß er mit folgenden Problemen und Lösungen vertraut sein:

1. Welche konkreten Arbeitsschritte sind notwendig, damit das Texthandbuch voll verwendbar wird und bleibt? a) Wie gelingt es, ein Texthandbuch so zu verfeinern, daß die danach geschriebenen Briefe wie aus einem Guß wirken? b) Nach welchen Kriterien sollen Textbausteine entfernt werden? c) Wie erkennt und beseitigt man Sach- und Formulierungsengpässe im Texthandbuch? d) Wie erreicht man, daß neue oder geänderte Texte von allen benutzt werden?

2. Wie erzielt man eine reibungslose und produktive Zusammenarbeit zwischen Korrespondenten und „Schreibzentrum"? — Aufgabenabgrenzung, Verantwortungsbereich, Kompetenzen; Arbeitsablauf-Organisation; psychologische Hinweise zur Zusammenarbeit.

3. Was ist zur effektvolleren Arbeit mit der Technik erforderlich? Zeitplanung – Kodiervorbereitung – NORM-Programmierung – Beschleunigung und Sicherung der Eingabe – rationelles Korrigieren und Duplizieren – Änderungsdienst – Textträgerarchivierung – Einsatz der Hilfsmittel und Zusatzgeräte – Verwendbarkeit sämtlicher technischer Einrichtungen – Sicherheit im Umgang mit allen Programmfunktionen.

All seine Kenntnisse, Fähigkeiten, Erfahrungen werden ihm jedoch wenig nützen, wenn die korrespondierenden Sachbearbeitungskräfte ihren Teil nicht beitragen: sei es, weil sie nicht motiviert sind und deshalb ständig auf die Bremse treten, sei es, weil sie nicht informiert und geschult sind und daher überhaupt nicht recht wissen, was sie tun sollen.

Ich sagte schon, daß die Information und damit auch die Motivation bereits vor der Schriftguterfassung zur Programmierbarkeitsanalyse beginnen muß, daß vor der Programmierung eine etwa eintägige Einführung in die Textprogrammierung folgen muß, daß schließlich die Diktanten in eine Diskussion über die Textprogramminhalte einbezogen werden müssen.

Dieser besonders wichtige Teil der Zusammenarbeit zwischen Textprogrammierer und Sachbearbeitungskräften geht am besten so vor sich:

1. Der Textprogrammierer erarbeitet einen Textprogrammentwurf und leitet diesen Entwurf allen zu, die später mit dem Textprogramm diktieren sollen. Er gibt ihnen einen ausreichenden, aber nicht „endlosen" Termin für die Durchsicht.
2. Die Sachbearbeitungskräfte prüfen den Textprogrammentwurf. Ihr Hauptaugenmerk haben sie auf die inhaltliche Richtigkeit zu lenken. Dafür sind sie — als „Fachleute für die Korrespondenzmaterie" — verantwortlich. Selbstverständlich steht es ihnen frei, darüber hinaus auch Vorschläge zur stilistischen Gestaltung zu machen.
3. Textprogrammierer und Sachbearbeitungskräfte besprechen den Entwurf, verbessern ihn und einigen sich auf eine endgültige Fassung. Alle Beteiligten zeichnen jede verabschiedete Textseite ab.
4. Alle Texte, auf die man sich geeinigt hatte, werden dem Vorgesetzten zugeleitet. Er hat sie zu lesen und ebenfalls — wenn notwendig nach weiteren Korrekturen — zustimmend abzuzeichnen.

Ein solcher Ablauf, wie er hier grob skizziert ist, gewährleistet, daß jeder, vor dem Start mit der neuen Arbeitsweise, die Handbuchtexte durch Mitwirkung bei der Gestaltung genau kennengelernt hat und daß niemand übergangen worden ist. Nur so ist auch erreichbar, daß sich die Sachbearbeitungskräfte mit dem Texthandbuch identifizieren.

Nehmen Sie bitte einmal an, Sie interessierten sich für den Kauf von Schreibmaschinen. Sie erhalten folgendes Angebot:

KM-Schreibmaschinen

Sehr geehrte Herren,

wir freuen uns, daß Sie die Anschaffung einiger KM-Schreibmaschinen erwägen. Damit Sie sich einen Überblick über die verschiedenen Modelle verschaffen können, schicken wir Ihnen hiermit unseren illustrierten Katalog. Ihre besondere Aufmerksamkeit möchten wir auf das Modell

KM-Standard GS
geräuscharm
Preis: 680 DM

lenken, das sich mit seiner leisen Gangart viele Freunde gewonnen hat.

Diese Maschinen können wir sofort liefern.

Wenn Sie mehr als zwei Schreibmaschinen kaufen, erhalten Sie 5 % Nachlaß. Außerdem geben wir bei Zahlung innerhalb von 8 Tagen nach Lieferung 4 % Skonto.

Die wesentlichen Merkmale dieses Modells ersehen Sie bitte aus dem ebenfalls beigefügten Sonderprospekt. Wenn Sie interessiert sind, lassen Sie sich doch bitte die KM-Standard GS bei der Firma Friedrichs, Frankfurt, Paulinenstraße 17, unverbindlich vorführen.

Mit freundlichen Grüßen

Nehmen Sie nun bitte weiter an, Sie kauften einige dieser fabelhaften KM-Modelle. Dabei ist es Ihnen angenehm, daß der Anbieter sofortige Lieferung versprochen hat, denn Sie haben neue Bürokräfte eingestellt, für die Sie die Maschinen brauchen. Leider läßt die Lieferung jedoch auf sich warten. Sie mahnen und bekommen folgende Antwort:

KM-Schreibmaschinen

Sehr geehrte Herren,

unter Bezugnahme auf Ihr Schreiben vom 5. 11. ds. Js., in dem Sie die Lieferung von 4 KM-Schreibmaschinen Modell GS anmahnen, teilen wir Ihnen höflichst folgendes mit:

Zu unserem Bedauern ist eine Lieferung des Herstellerwerkes, die wir kürzlich erwarteten, aufgrund innerbetrieblicher Umstellungen ausgeblieben, so daß wir uns z. Z. nicht in der Lage sehen, Ihren Wünschen umgehend Rechnung zu tragen. Hinsichtlich der eingetretenen Verzögerung, an der wir keinerlei Schuld tragen, bitten wir noch um einige Tage Geduld.

Möglicherweise werden wir schon in der nächsten Woche im Besitze der in Rede stehenden Lieferung sein und Sie dann selbstverständlich unverzüglich bedienen.

Vorsorglich machen wir auf unsere Allgemeinen Verkaufs- und Lieferungsbedingungen aufmerksam, in denen es unter 10. heißt, daß der vereinbarte Liefertermin nur als ungefährer Termin zu verstehen ist und daß von uns unverschuldete Verzögerungen nicht zum Rücktritt vom Kaufvertrag berechtigen.

Wir bitten Sie nochmals um Verständnis für unsere Situation. Sind Sie bitte überzeugt davon, daß wir unser Bestes tun werden, um Ihren Wünschen so schnell wie möglich zu entsprechen.

Mit höflicher Empfehlung

Was mag der Empfänger dieser beiden Briefe denken? Wahrscheinlich, daß er es nicht mit einer Firma, sondern mit zwei Firmen zu tun hat. Während die eine selbst in einem werbenden Angebot knapp und vertrauenerweckend schreibt, „überreicht

die andere ein Schreiben", das an Textballast, an Ungeschicklichkeit und Phrasen nichts zu wünschen übrigläßt. Und doch können beide Briefe aus demselben Haus stammen, dann nämlich, wenn zuerst ein programmierter Text verwandt worden ist und dann ein stilistisch ungeschulter oder falsch geschulter Sachbearbeiter seiner Diktierroutine freien Lauf gelassen hat. Kann man sich so etwas leisten?

Wenn man dergleichen vermeiden, wenn man seiner Firma ein sprachliches Gesicht geben will, darf man sich nicht damit begnügen, Textprogrammierung einzuführen. Die Einführung der Textprogrammierung bietet vielmehr die günstige Gelegenheit, viele andere Aufgaben der Textverarbeitung zu überdenken und besser zu lösen.

In der Regel ist der erste Schritt zur Korrespondenzrationalisierung sogar nicht die Textprogrammierung, sondern die Einrichtung eines organisierten Schreibdienstes. Diktat mit modernen Phono-Diktatgeräten, Zusammenfassung der Schreibkräfte: damit werden Organisationsabläufe eingeleitet und eingespielt, wie sie später zum Teil auch für die Programmdiktate günstig sind. Eines der vielfältigen Probleme aber wird dabei noch nicht gelöst: Wie bekommt man einen besseren und zugleich einigermaßen einheitlichen Firmenstil? An den beiden Beispielbriefen haben Sie erkennen können, was passieren mag, wenn man sich darum nicht kümmert. Der Stil der programmierten Briefe und der Stil der weiter einzeln zu diktierenden Briefe klaffen weit auseinander.

Man kann zwei Wege gehen, um das Ziel zu erreichen.

1. Die Textprogrammierarbeiten als Auftakt für eine allgemeine Stilkorrektur benutzen!

   Ich habe geschildert, wie der Textprogrammierer meistens seine Stilvorschläge allen Beteiligten plausibel machen und sie davon überzeugen muß. Wenn sie sich darauf eingestellt haben, sind sie jedoch noch nicht imstande, diesen Stil auf ihre individuell zu diktierenden Briefe zu übertragen; zu lange haben sie anders formuliert oder anders formulieren müssen. Hier muß eine Nachschulung helfen.

2. Vor Beginn der Textprogrammierarbeiten Stilschulung betreiben!

   Damit wird dem Textprogrammierer Arbeit abgenommen; er wird zügiger vorankommen.

Ganz gleich, zu welcher Zeit man den Hebel ansetzt: die Aufgabe ist nicht mit einmaligen Maßnahmen zu lösen, zum Beispiel mit einem allgemeinen Vortrag, und sei er noch so fundiert und noch so spritzig. Am aussichtsreichsten und billigsten scheint mir folgendes Verfahren zu sein:

1. Allen Beteiligten eine auf die Inhalte und Zwecke der Wirtschaft zugeschnittene Fachzeitschrift zugänglich machen; am wirkungsvollsten ist es sogar, jedem seine eigenen Exemplare zu geben. Die Kosten übernimmt die Firma. Dafür kann sie jedoch verlangen, daß der Mitarbeiter die Hefte auch tatsächlich durcharbeitet. Natürlich kann man auch mit Umlaufexemplaren arbeiten.

2. Besonders Interessierte an Stilschulungsseminaren teilnehmen lassen. Die auf solche Weise zusätzlich Geförderten bilden nachher die Stützen, mit deren Hilfe sich weiterarbeiten läßt.

Stilschulungsseminare sind für jeden wichtig und wertvoll, am wichtigsten und wertvollsten jedoch für Vorgesetzte aller Rangstufen. Denn in der Regel — das dürfen wir nie vergessen — korrespondiert eine Abteilung so rationell und so überzeugend, wie ihre leitenden Kräfte korrespondieren.

Was bedeutet die Textprogrammierung für den Korrespondenten?

Es ist nun Zeit, sich die Frage zu stellen: Wird der Korrespondent durch die Textprogrammierung degradiert? Diese Befürchtung wird manchmal, wenn auch vorsichtiger, ausgesprochen und oft insgeheim gehegt. Stellen wir uns ihr!

Die letzten Kapitel haben gezeigt, daß der Korrespondent seinen Stil verbessern muß, damit seine einzeln, also in herkömmlicher Weise diktierten Briefe gegenüber den programmierten Briefen nicht abfallen. Ist das eine Degradierung? Im Gegenteil: Die Textprogrammierung zwingt den Korrespondenten zu einer Leistungssteigerung, nicht von heute auf morgen, aber bestimmt im Laufe von etwa zwei Jahren. Niemand braucht zu befürchten, daß er durch einen direkten oder indirekten Zwang zur Umstellung plötzlich überfordert werden könnte.

Was das Arbeiten mit programmierten Texten betrifft: es geht zwar sehr viel schneller vor sich, aber die Verantwortung wird dabei nicht kleiner, eher größer. Der Korrespondent muß richtig auswählen; er muß dafür sorgen, daß die Texte seines Bereichs in seinem Handbuch immer auf dem neuesten Stand bleiben; er muß bei Einzeldiktaten stets prüfen, ob das Handbuch nicht durch weitere Texte ergänzt werden sollte. Auch das alles bedeutet nichts anderes, als daß seine Leistung steigt.

Ist seine Qualifikation nicht wesentlich höher einzuschätzen, wenn er Briefe, deren Inhalte sich häufig wiederholen, auf die rationellste Weise in der am besten durchdachten Form weitgehend maschinell schafft und seine geistigen Gaben auf andere, ganz und gar individuell zu behandelnden Fälle konzentriert? Ich bin überzeugt davon, daß der kaufmännische Korrespondent heute mehr denn je eine Chance hat, durch die neuen Methoden der Korrespondenzbearbeitung seine berufliche Qualifikation sichtbar zu machen und seine Position aufzuwerten. Er muß diese Chance allerdings wahrnehmen, muß sich die Mühe machen, die greifbaren Früchte zu pflegen und zu pflücken. In den Schoß fallen werden sie ihm nicht.

Verursacht Textprogrammierung Unruhe?

„Ruhe“, so sagt ein altes Wort, „ist die erste Bürgerpflicht.“ Dieser Satz hat immer in hohem Ansehen gestanden. Besonders in Deutschland wurde er stets hoch geschätzt, und man ist ihm brav gefolgt, selbst dann, wenn die Leute, die Ruhe verlangten, keineswegs darauf bedacht waren, selbst Ruhe zu halten und zu geben.

Aus solch bösen Erfahrungen heraus hat sich ein anderes Wort entwickelt, das dem genannten entgegensteht: „Unruhe ist die erste Bürgerpflicht." Carlo Schmid war wohl einer der ersten, die es betont und interpretiert haben. Wir sind uns sicherlich darüber einig, daß diese Umkehrung nicht heißen soll und kann: Mit Steinen werfen, Autos umkippen oder sogar schießen. Diese Umkehrung verlangt vielmehr: Sich mit wachen Sinnen an dem, was in der Öffentlichkeit vorgeht, beteiligen!

Die Wiederholung und die Interpretation dieses Satzes „Unruhe ist die erste Bürgerpflicht" erscheint mir gerade heute erneut besonders notwendig zu werden, denn auf der einen Seite wird er häufig mißbraucht, und auf der anderen Seite bekämpft man ihn deshalb erneut mit seinem Gegenteil: „Ruhe ist die erste Bürgerpflicht."

Was hat dieses geflügelte Wort samt seinem Gegenteil, was hat dieses Wort aus der Politik mit unserem Thema zu tun? Ich glaube, daß in einem Wirtschaftsunternehmen, in übertragenem Sinne, ähnliches gilt.

Ein Unternehmen, in dem stets vorbildliche Ruhe herrscht, kann ein erstarrendes Unternehmen sein, kann sich zu einem wohlorganisierten, aber leistungsschwachen Gebilde entwickeln, das eines Tages den Anschluß endgültig verpaßt — weil es so ruhig in ihm ist.

Wenn Sie in diesem Sinne — und nur so — den Begriff „Unruhe" verstehen wollen, dann wage ich zu behaupten:

Die Textprogrammierung ist ein Unruhestifter.

Dies ist klar: daß es in einem Wirtschaftsunternehmen oder in einer Behörde, wie in einem Staat, nützliche und schädliche, fördernde und abträgliche, schöpferische und zerstörende Unruhe geben kann. Wir haben uns also zu fragen: Wo liegen in unserem Zusammenhang die einen und wo die anderen Möglichkeiten und Gefahren?

Die Textprogrammierung selbst wirkt sich mit Bestimmtheit positiv aus, denn sie bringt jeden Verkaufs- oder Verwaltungsbereich gehörig in Bewegung — in Denkbewegung, die über das Routinedenken hinausgeht.

Auch die organisatorische Umstellung verursacht Belebung. Die Korrespondenz wird auf einmal anders abgewickelt — differenzierter, kunstvoller —, als man es bis dahin über Jahrzehnte hinweg gewöhnt gewesen ist. Die Beteiligten auf der Seite der Diktanten und auf der Seite der Ausführenden müssen ihre Zusammenarbeit neu ordnen. Damit ist in der Regel eine Straffung verbunden. Viele alte und altmodische Sitten, die sich eingebürgert hatten, verschwinden.

Das Korrespondenz-Handbuch bleibt — solange es überhaupt sinnvoll benutzt wird — ein Unruhestifter. Denn, wie wir wissen, ist es nie ganz fertig. Es muß immer wieder korrigiert und ergänzt werden.

Schließlich strahlt die Textprogrammierung auch auf andere Bereiche aus und verändert sie, zum Beispiel die individuell zu diktierende Korrespondenz.

Fragen wir uns nun: Was bringt schädliche Unruhe? Ich weise vor allem auf zwei Erscheinungen hin, die man gar nicht wichtig genug nehmen kann:

1. unzureichende Information über die Textprogrammierung,
2. unzureichend geplanter Ablauf bei der Einführung der Textprogrammierung.

Über beide Seiten haben Sie in diesem Teil dieses Buches einiges gelesen. Es ist sicherlich nicht alles und kann nicht alles sein, weil jede Arbeitsorganisation anders gegliedert ist, Eigenheiten hat, auf gewachsene Zustände Rücksicht nehmen muß. Was Sie hier gelesen haben, sind wichtige Hinweise, die man, soweit ich sehe, überall beachten muß. Eine umfassende Darstellung der ganzen Materie finden Sie in dem 1988 erschienenen Buch „Mit Textbausteinen besser und kostengünstiger korrespondieren“ von Dipl.-Kfm. Frank Manekeller, erschienen im „verlag moderne industrie“, Landsberg.

Es ist verständlich: Wer sich entschlossen hat, die Aufgabe der Textprogrammierung in Angriff zu nehmen, möchte schnell konkret anfangen und sich nicht lange mit der Vorrede aufhalten. Aber dies ist keine Vorrede, sondern gehört untrennbar zur Aufgabe selbst. Wir sagen so oft, der Mensch stehe im Mittelpunkt. Das mag zunächst allgemein menschlich und sozial gemeint sein.

Doch es ist gar nicht nur allgemein menschlich und sozial, sondern gerade dort, wo man Erfolg haben will, eine Notwendigkeit. Wer ohne entsprechende Überlegungen und Rücksichten auszukommen glaubt, braucht sich eigentlich über Mißerfolge gar nicht zu wundern. Daß er es trotzdem tut, zeigt nur, wie falsch er die Forderung, der Mensch solle im Mittelpunkt stehen, verstanden hat. Er hat sie als eine Festrednerphrase eingeschätzt, und sie erweist sich als etwas Vernünftiges, das man nicht ungestraft übergehen kann.

Schöpferische Unruhe stiften: ja! Aber zugleich destruktive Unruhe vermeiden!

Es bringt nur geringe Vorteile, manchmal gar keine, irgendwo irgendeine neue Maschine aufzustellen — ob das ein Diktiergerät, eine elektrische Schreibmaschine oder ein Textverarbeitungssystem ist. Die neue Maschine ist lediglich ein Hilfsmittel, mit dem man neue Organisationsabläufe, neue Ideen verwirklichen kann. Und neue Organisationsabläufe und Ideen erweisen sich allein dann als Fortschritt, wenn die beteiligten Menschen sie verstanden haben und bereit sind, mit ihnen zu arbeiten.

humboldt-taschenbücher

Künstlerisches Gestalten
Zeichnen (268)
Malen (381)
Töpfern (384)
Trockenblumen (385)
Glasmalerei (402)
Aquarellmalerei (426)
Porzellan/Keramik bemal. (429)
Salzteig modellieren (490)
Schöne Schriften (508)
Seidenmalerei (509)
Modellieren (543)
Schmuck gestalten (568)

Fotografieren/Filmen
Filmen – Technik, Motive (330)
Fotokurs für Einsteiger (475)
Spaß mit Fototricks (478)
Pflanzen fotografieren (502)
Blitz- und Kunstlicht (540)
Gute Porträtfotos (558)
Fotolabor (563)
Bessere Urlaubsfotos (583)

Garten
Garten im Jahreslauf (202)
Balkon – Terrasse (350)
Hydrokultur (413)
Gartenteich (448)
Die 100 schönst. Gartenbl. (470)
Freude am Biogarten (474)
Laubbäume + Ziersträucher (527)
Rasen – Wiese –
Bodendecker (552)
Mein Gewächshaus (575)

Schach
Schach f. Anfänger (85)
Schach o. Partner f. Anf. (299)
Schachtaktik (363)
Eröffnungsspiele (386)
Schach ohne Partner
für Könner (432)
Bauer im Schachspiel (433)
Schachcomputer (465)
Schach für junge Leute (479)

Kartenspiele
Kartenspiele (199)
Skat (248)
Bridge (273)
Patiencen (293)
Schafkopf/Doppelkopf (481)
Kartenspiele –
einmal anders (541)
Tarot (546)
Skatkurs für Aufsteiger (587)

Gesellschaftsspiele
Spielen Sie mit (190)
Brettspiele/Denkspiele (282)
Schreibspiele/
Streichholzspiele (352)
200 Spiele (401)
Würfelspiele (412)
Zahlenspiele (443)
Domino (522)
Was spielen wir
in netter Runde (556)
Humboldt-Zauberbuch (567)

Quiz
Frag mich – ich antworte (23)
Wer weiß es (68)
Frag mich was (79)
Frag noch was (83)
Frag weiter (90)
Kreuzworträtsel-Lexikon (91)
Quiz i. Wort u. Bild (174)
Rätsel, leicht gelöst (263)

Tests
Spaß mit Tests (195)
Teste Deine Intelligenz (225)
Trimm dich geistig fit! (520)
Teste Dein Musikwissen (533)

Sport

Allgemein
Taschenlexikon d. Sports (302)

Fitness/Gymnastik/Yoga/Laufen
Yoga (82)
Gymnastik (228)
Yoga + Gymnastik (333)
Lauf dich fit (382)
Radfahren (421)
Vital durch Gymnastik (495)
Fit durch Bodybuilding (528)

Ballsportarten
Volleyball (436)
Fußball (451)
Das ist Golf (584)

Judo/Karate
Judo/Karate/Taekwon-Do (372)
Judo für Jugendliche (391)
Judo – mein Freizeitsport (454)
Karate (493)

Sportschießen
Sportschießen (300)

Wassersport/Angeln
Angeln und Fischen (206)
Windsurfen (305)
Kanu (326)
Schwimmen (477)
Surfschein (499)
Bootsführerschein A (500)

Skisport
Ski-Gymnastik (460)
Ski alpin (488)
Skibuch für Kinder u. Eltern (539)

Tennis/Squash
Tennis-Regeln (253)
Squash (360)
Tennis-Training (374)
Tennis: Schlagtechnik (420)

Reiten
Moderne Reitlehre (205)
Pferde u. Reiten (323)
Pferd f. Freizeit u. Sport (380)
Mit Pferden umgehen (427)

Kegeln/Bowling/Billard
Kegeln (243)
Billard (419)
Kegelspiele (487)

Sprachen

Englisch
Englisch in 30 Tagen (11)*
Englisch f. Fortgeschr. (61)
Englisch – Bild f. Bild (296)
Englischer Basis-Wortschatz (574)
Englisch – jetzt in Comics (578)

Französisch
Französisch in 30 Tagen (40)*
Französisch f. Fortgeschr. (109)
Französisch – Bild f. Bild (297)
Französisch – jetzt in Comics (579)

Spanisch
Spanisch in 30 Tagen (57)*
Spanisch – Bild für Bild (345)
Spanisch – jetzt in Comics (581)

Italienisch
Italienisch in 30 Tagen (55)*
Italienisch f. Fortgeschr. (108)
Italienisch – Bild f. Bild (344)
Italienisch – jetzt in Comics (580)

Weitere Sprachen
Russisch in 20 Lekt. (81)
Dänisch in 30 Tagen (124)
Griechisch f. d. Urlaub (373)

Die mit * versehenen Sprachentitel gibt es auch als Buch **mit Übungscassette:** Englisch (800), Französisch (801), Italienisch (802), Spanisch (803).

Moderne Information

Kultur + Kunst
Baustile (351)
Was Kinder fragen (565)

Wirtschaft
Wirtschaftslexikon (24)
Betriebswirtschaft (153)

Philosophie
Wörterbuch d. Philosophie (485)

Geschichte
Staatsbürgerkunde (438)

Technik/Elektronik
Elektortechnik (163)
Datenverarbeitung (200)
Mikroprozessoren (338)

Aktuelle Information
Weltatlas (227)
Astrologie (284)
Fremdwörterlexikon (446)
Handlesen (483)
Vornamenbuch (210/505)
Mein praktischer
Geburtstagskalender (530)
Sternzeichen (547)
Horoskopberechnung (561)
Musiklexikon (566)

Psychologie
Psychoanalyse (168)
Psychologie (238)
Erkenne dich (283)
Wörterbuch
der Psychologie (416)

Medizin
Taschenlexikon Medizin (462)